Schön war die Zeit, als man mit

„Sonst lade ich Dich nicht zu meinem Geburtstag ein!"

Konflikte lösen konnte!

Danke an alle, die mich freundlich, interessiert bis hin zu liebevoller Umarmung in meinem bisherigen Leben begleitet haben.

Ihr gebt mir Kraft.

Danke an alle, die mich meiden, unsympathisch finden, die den Kontakt mit mir abgebrochen und mich verletzt haben.

Ihr gebt mir den Antrieb, mein Profil weiter zu schärfen und täglich voranzuschreiten.

Danke an alle, die mein Buch lesen werden und sich in eine der beiden Kategorien einordnen.

Ich freue mich, Euch kennenzulernen!

Christoph Maria Michalski

… nochmal was
mit Konflikten - 2

spitzer Charme und rostige Feder

www.tredition.de

© 2021 Christoph Maria Michalski
Umschlag: Christoph Maria Michalski
Lektorat: Christoph Maria Michalski
Titelbild: Hergen Schimpf
Bilder: Pixabay, 3D Man

Verlag & Druck: tredition GmbH, Halenreie 40-44, 22359 Hamburg

ISBN
Paperback   978-3-347-22486-5
Hardcover   978-3-347-22487-2
e-Book   978-3-347-22488-9

Bibliografische Information der Deutschen Nationalbibliothek:

Die Deutsche Nationalbibliothek verzeichnet diese Publikation in der Deutschen Nationalbibliografie; detaillierte bibliografische Daten sind im Internet über http://dnb.d-nb.de abrufbar.

Inhaltsverzeichnis

Einleitung

Es war noch nicht alles geschrieben im ersten Buch „…da war was mit Konflikten-1". Wesentliche Aspekte von Leben, Gesellschaft, Digitalisierung und Bildung harrten weiterhin meiner Aufmerksamkeit. Natürlich auch meiner Kommentierung in gewohnt rostiger Art und Weise.

Mir fällt immer wieder auf, dass „neue Wege" mit „altem Denken" versucht werden. Albert Einstein wird mein Lieblingszitat zugeschrieben:

„Die Definition von Wahnsinn ist, immer wieder das Gleiche zu tun und andere Ergebnisse zu erwarten."

Das bedeutet nicht, jedem Trends mit Hipp-Hipp-Hurra Ekstase zu huldigen. Wie war das mit

„Tradition ist nicht die Anbetung der Asche, sondern die Weitergabe des Feuers." von Jean Jaurès.

So, nach diesen weisen Worten anderer Menschen wünsche ich Inspirationen durch meine Anregungen, die auch gern Transpiration nach sich ziehen können. Zitat von Thomas Alva Edison: „Kreativität ist 1 % Inspiration und 99 % Transpiration!"

Jetzt reicht es mit anderer Leuten Zeilen….

P.S. Bei jedem Artikel steht das Datum des Entstehens- manches mutet heute zu Tage skurril an- der Kontext hat sich geändert- die Botschaft bleibt.

Kapitel Gesellschaft

Wo Menschen zusammenleben, gibt es Reibereien. Ob in den Kernfamilien, Nachbarschaft, Vereine, Stadt, Land oder Staat.

80 % unserer Kommunikation sind Konflikte. Von Unstimmigkeiten, Missverständnissen, Reibereien, Streit bis zu Handgreiflichkeiten und Pöbeleien.

Was macht dann eine Gesellschaft aus? In meinem demokratischen, westlichen Verständnis sind das u. a. Toleranz, Miteinander, Rücksicht, Fairness, Schwächere schützen, sich gegenseitig helfen und in Kontakt bleiben.

Dieses Verständnis wird gerade während und wegen der Coronapandemie auf die Probe gestellt.

Wir sind in unserem sozialen Umfeld gerettet und verloren zugleich. Geborgenheit und Zugehörigkeit auf der einen Seite, Anpassung und Abhängigkeiten am anderen Ufer. Ach ja, es kommt noch unserer Wachstums- und Entwicklungswunsch dazu.

Ein artistische Balance, die über Glück und innere Zerrissenheit entscheidet. Genauso in den größeren Kreisen humanoider Ansammlungen eines Staates und der Welt.

Sicherheit muss fühlbar sein!

03/2020

In den letzten Wochen tobt ein erbitterter Expertenstreit: Pandemie ja oder nein, welche Vorkehrungen getroffen werden müssen. Wie sicher ist es, an einer Großveranstaltung teilzunehmen? Ist unser Gesundheitssystem ausreichend vorbereitet?

Meiner Einschätzung nach entsteht die hohe Temperatur die Diskussion durch den emotionalen Faktor. Sachliche Informationen tragen nur im geringen Maße zur Beruhigung der Bevölkerung bei. Alle Statistiken helfen mir nicht, wenn ich Angst habe.

Das ist für mich der große Mangel der aktuellen Diskussion: Das Bedürfnis nach Sicherheit wird nicht gestillt! Was mir also fehlt, sind tatkräftige Aktionen. Zum Beispiel die Aussage eines Ministers, dass das Auffüllen von Regalen am Wochenende erlaubt sei, damit der Eindruck vermieden wird, es existieren Engpässe in der Versorgung. Wenn ein Fußballverein Zuschauern aus der Region Heinsberg das Angebot macht, den Stadionbesuch gegen Geldrückgabe und einer Freikarte auszusetzen.

Es würde meiner Ansicht nach also mehr zur Beruhigung beitragen, gemeinsame Aktivitäten zu entwickeln, die das Bedürfnis nach Sicherheit und Zusammenhalt fördern.

Warum werden in Schulen nicht offizielle Handwaschpausen eingerichtet, Elternabende und Infoveranstaltungen angehalten? Es gibt viele Ideen, wenn wir die Menschen einbeziehen.

Die Ausbreitung des Virus kann meiner Ansicht nach stark eingedämmt werden, wenn offensiv und für Menschen erlebbar gehandelt wird.

Das ist die Aufgabe eines Katastrophenplans für Pandemien. Dabei sind nicht nur die logistischen und wissenschaftlichen Aspekte zu berücksichtigen, sondern die Gefühlswelt und Bedürfnisse der Menschen aufzunehmen und durch gezielte Aktionen zu stärken.

Lieber mittendrin statt außen vor!

Amthor ohne Mentor?

06/2020

Es geht um den Nachwuchspolitiker Philipp Amt-hor, der wegen seiner Tätigkeit >für die Firma Augustus : in die Schlagzeilen geriet. Sich als Verfechter von Anstand und Moral zu positionieren und dann plumpe Lobbyarbeit?

Gleich hier das Extrakt für die Eiligen:

- Hatte er einen Mentor mit diesem Rat = austauschen!
- Hatte er gegen den Rat des Mentors gehandelt = unreif!
- Hat er keinen Mentor = leichtsinnig!

Der Begriff kommt von Mentor, Mentos…. Nein, einfach nur der Name des Freundes und Altersgenossen von Odysseus, der ihm seinen Sohn Telemachos anvertraut, als er in den trojanischen Krieg aufbricht.

Bei Nachwuchskräften ist ein Mentor unabdingbar, weil bisher nicht ausreichend Erfahrungswissen angehäuft werden konnte. Warum alle Fehler noch mal machen, die dem Unternehmen eine Menge Zeit, Geld und Ärger kosten? Damit kommt man Hades, dem Gott der Unterwelt, viel zu nahe.

Amthor, Mentor, Augustus, Hades- verdammt viel Mythologie. Zurück in die Realität.

Ich hatte keinen Begleiter auf meinem Karriereweg bis zum Geschäftsführer mit über 700 Mitarbeitenden und das habe ich bitter bezahlt- nach außen sichtbar durch „jedes graue Haar eine Erfahrung!", die ich, die anderen und das Unternehmen nicht gebraucht hätten.

Meine Bitte an die Personalverantwortlichen in Unternehmen- Nutzen Sie dieses Instrument mit seinen vielfältigen Vorteilen: emotional verbindend, vertrauensbildend, konstruktive Fehlerkultur, Effizienz, Employer Branding und so vieles mehr.

Glyphosat-Keule oder Bio-Luxus?

09/2018

Alles eine Frage von Werten und Argumenten

Erinnern Sie sich noch an den Aufschrei, der 2017 durch die Medien ging? Vor ziemlich genau zwei Jahren stimmten 18 der 28 EU-Mitgliedsstaaten zu, die Zulassung des Unkrautvernichters Glyphosat, um weitere fünf Jahre zu verlängern. Gerade knapp mehr als die Hälfte, aber so ist das mit der Demokratie: Mehrheit ist Mehrheit und diskussionswürdige Themen werden nach klaren Spielregeln beigelegt.

Inzwischen ist es etwas ruhiger geworden, doch in drei Jahren wird das Thema wieder auf den Tisch kommen. Bis dahin schwelt der Konflikt mehr oder minder vor sich hin – zumindest in Deutschland. Anders sieht es auf der anderen Seite des Großen Teichs aus: In den USA wird Bayer bereits in Grund und Boden geklagt von Menschen, die Glyphosat für ihre Krebserkrankung verantwortlich machen. Unglückliche Einzelfälle oder klarer Zusammenhang, der zum Umdenken anregen sollte? Fakt ist: Auch wenn Glyphosat im Verdacht steht, krebserregend zu sein, ist es immer noch das am häufigsten eingesetzte Pestizid weltweit. Warum? Vor allem, weil es praktisch ist.

Arbeitserleichterung oder Umweltsünde?

Ich bin selbst arbeitender Verwalter eines Grundstücks mit fast 1500 m², hauptsächlich grünes Land, also Pflanzen. Somit gibt es bei mir zwangsläufig Phasen im Jahresverlauf, in denen ich auf Knien rutschend Grünzeug aus den Fugen der Terrasse kratze, Unkraut zupfe – vom Vertikutieren zu Saisonbeginn ganz zu schweigen. Da ist die Versuchung schon groß, mithilfe von Chemie den Turbo einzulegen. Einfach aufsprühen und fertig!

Dass hier Fronten aufeinanderprallen, ist nicht zu verhindern: Auf der einen Seite Landwirte, die sich ihre harte Arbeit erleichtern wollen – auf der anderen Seite Menschen, die für den Schutz der Umwelt eintreten. Denn neben dem Krebsverdacht sorgt das Mittel auch dafür, dass durch die Unkraut- und Wildpflanzenvernichtung der natürliche Lebensraum für Insekten und Kleinlebewesen zurückgedrängt wird. Ein Konflikt, der nicht mal eben so beizulegen ist. Auf den ersten Blick haben wir es hier mit einer Debatte zu tun. Beide Seiten haben ihre Argumente. Ob es jedoch wirklich möglich sein wird, das Gegenüber durch Informationsaustausch und Argumentation zu überzeugen, ist fraglich. Denn hier geht es nicht nur um nackte Fakten, es kommen auch die unterschiedlichen Wertesysteme ans Tageslicht. Durch diese Zutat wird eine Meinungsaufgabe emotional unweigerlich erschwert. So bleibt also nur das gemeinsame Ringen um Spielregeln übrig – ein langer und intensiver Prozess, der die Bereitschaft voraussetzt, die andere Einstellung zumindest zu respektieren.

Was wiegt schwerer – Argumente, Werte oder die Marktwirtschaft?

Auf den ersten Blick mag die Entscheidung für den nach außen umweltbewussten Großstädter einfach sein: Weg mit dem Teufelszeug! Was es jedoch zu bedenken gilt: Der biologische Anbau benötigt für die Produktion von Feldfrüchten mehr als doppelt so viele Hektar wie der konventionelle, chemieunterstützte Ackerbau. Und das Unkraut muss weg – per Hand oder neuer Maschine? Sie sehen, diese Argumentationsstrategie ist noch nicht wirklich ausgeklügelt. Zumal das Ganze eine ordentliche Summe kostet. Zwar sind angeblich 74 % der Deutschen bereit, höhere Lebensmittelpreise zu zahlen, wenn auf Glyphosat verzichtet werden würde. Die Realität zeigt jedoch ein anderes Bild: Der Anteil von Nahrungsmitteln aus Bioproduktion beträgt lediglich 5,1 %. Drei von vier Deutschen sind bereit mehr, Geld auszugeben – in Wahrheit kauft aber nur jeder 20. Bioprodukte. Weil der Griff ins eigene Portemonnaie dann doch schwerer wiegt als die nach außen getragenen Werte. Sie wissen schon: Jeder ist sich selbst der Nächste.

Was heißt das nun für den Glyphosat-Konflikt?

Kommunikation zwischen den beiden Fronten kann nur funktionieren, wenn überhaupt eine grundsätzliche positive Bereitschaft dazu besteht. Der erste Schritt dazu kann sein, den anderen verstehen zu WOLLEN. Dann geht es ans Eingemachte. Wichtig ist, darauf zu achten, dass die Emotionen sich nicht verselbstständigen und Vorwürfe die Überhand über eine sachliche Argumentation gewinnen.

Tag der Deutschen Einheit

10/2019

-alles bloß florale Fakes?!

Morgen ist es wieder soweit: Der Tag der Deutschen Einheit jährt sich zum 29. Mal. Warum ich mich dieses Themas annehme? Weil ich es für die Zukunft unserer demokratischen Gesellschaft für unabdingbar halte, dass Teilung und Wiedervereinigung nicht in Vergessenheit geraten. Ich habe den Eindruck, dass der 3. Oktober für die Generation Z und Jüngere in erster Linie „nur" noch ein willkommener arbeitsfreier Tag ist. Der lässt sich durch seine strategisch günstige Position dieses Jahr im Kalender charmanterweise zum langen Wochenende ausbauen. Das halte ich mit Blick auf die aktuellen politischen Entwicklungen in den „neuen Bundesländern" für sehr gefährlich.

Warum ausgerechnet ich glaube, über dieses Thema berichten zu können? Weil ich es selbst miterlebt habe. Als Abiturient habe ich die Willkür an den Grenzübergängen zu spüren bekommen. Auf der Reise nach Sonneberg wurde ich nach stundenlangem Warten bis auf die Unterhose gefilzt – selbst mein Rasierapparat wurde in alle Einzelteile zerlegt. Das muss man sich vorstellen! Dagegen sind die Kontrollen an Flughäfen heute lachhaft! Am Wochenende nach der Grenzöffnung bin ich nach Berlin gefahren, da für mich klar war: Dort passiert etwas Großes. Ich wollte dabei sein, die Aufbruchsstimmung und gewissermaßen den „Wind of Change" selbst erleben.

Ohne Kampf, dafür mit Krampf

Aus meiner Sicht ist die Wiedervereinigung Deutschlands ein historisches Ereignis von enormer Tragweite. Denn sie ist das Ergebnis einer größtenteils friedlichen Revolution. Mir ist bewusst, dass viele persönliche Schicksale eine andere Sprache sprechen. Menschen, die bei Fluchtversuchen ihr Erdenleben gelassen haben. Familien, die auseinandergerissen wurden und Menschen, die ihre Werte verloren haben und ein Leben, wie sie es vorher kannten. Und dennoch: Im Großen und Ganzen ging es ohne großes Blutvergießen. Ohne Kampf, dafür aber mit Krampf.

Und heute? Was ist in den vergangenen 29 Jahren passiert? Ich bin in dieser Zeit häufig im ehemaligen Osten gewesen. Zuerst besuchten wir mit der Familie etwa einmal im Monat Freunde und Verwandte in Ueckermünde. Ich lebte mehrere Jahre in Mecklenburg-Vorpommern. Da habe ich in Schwerin, Rostock und Neubrandenburg gearbeitet und konnte so die innere Zerrissenheit der Menschen hautnah miterleben.

Die älteren Semester unter Ihnen werden sich bestimmt noch an die Fernsehansprache von Helmut Kohl am 1. Juli 1990 erinnern, anlässlich des Inkrafttretens der Währungs-, Wirtschafts- und Sozialunion. Seiner Ansicht nach war es dieser Schritt, der die Chance und die Gewähr dafür böte, dass sich die Lebensbedingungen im Osten rasch und durchgreifend bessern würden. Besonders in Erinnerung geblieben ist mir folgende Aussage: „Durch eine gemeinsame

Anstrengung wird es uns gelingen, Mecklenburg-Vorpommern und Sachsen-Anhalt, Brandenburg, Sachsen und Thüringen schon bald wieder in blühende Landschaften zu verwandeln, in denen es sich zu leben und zu arbeiten lohnt."

Anpacken statt hinnehmen!

Sorry, aber die versprochenen „blühenden Landschaften" haben sich eindeutig als floraler Fake herausgestellt. Das bedeutet jedoch nicht, dass sie nicht trotzdem noch Realität werden können! Ich glaube, dass wir alle etwas von der Geschwindigkeit überrannt worden sind, mit der die Wiedervereinigung auf einmal wirklich wurde. Konfliktlösung bedeutet nicht, ein Pflaster zu kleben und dann ist alles gut. Dinge lassen sich wieder komplettieren und in Ordnung bringen, doch dafür braucht es Mut – und Menschen, die ins Handeln kommen. Zu jammern, dass im Osten alles so schlecht ist, hilft keinem weiter. Ebenso wenig die Wahl dubioser Parteien, die eine scheinbare „Alternative" bieten. Mein bescheidener Wunsch: Die Nörgler gehen bitte in den Keller – und die Zufriedenen machen stattdessen den Mund auf! Erzählt nachfolgenden Generationen, was passiert ist, wie es sich anfühlte. Und vor allem, was getan wurde, um die Kluft zu überwinden. Damit die Faust auch heute wieder zur offenen Hand wird, um ein umfassendes Miteinander möglich zu machen.

Was erlaube Greta!

09/2019

Schämt Ihr Euch nicht?

Aktuell wird in bester Trapattoni-Manier über Greta Thunbergs Rede vor der UN reagiert. Ob in der Presse, in den Social Media oder aus den Mündern von gestandenen, einflussreichen Männern wird plötzlich die Frage aufgeworfen, was sich diese „Göre" denn bitte erlaube. Dass das ja alles völlig übertrieben sei. Und dass das Mädel doch lieber erst mal wieder zur Schule gehen und das Spielfeld den Erwachsenen überlassen sollte.

Aus meiner Sicht sind diese Reaktionen absolut unsäglich. Ich habe mir die Rede von Greta angesehen. Und ich kann beim besten Willen nicht meckern. Vom Inhalt ist alles klar, die Struktur ist logisch aufgebaut und ihre Argumente sind haltbar unterfüttert. Während sie spricht, steht ihr ins Gesicht geschrieben, was sie fühlt. Aus rhetorischer Sicht alles top. Und jetzt zeigen Sie mir bitte ein paar andere 16-Jährige, die überhaupt den Mut aufbringen würden, sich vor die UN zu stellen – und dann noch den Mund aufbekommen. Hut ab.

Die abwertenden Reaktionen der Menschen zeigen aus meiner Sicht vor allem eins: Unsicherheit. Den Mechanismus, den wir hier beobachten können, setzen wir selbst im Alltag gerne ein: „Sie äußern sich zu

Erziehungsfragen. Haben Sie überhaupt Kinder?" oder „Sie glauben also, dass es einen einfacheren Weg gibt. Haben Sie das selbst schon mal gemacht?" Kurz gesagt: Wenn uns die Argumente ausgehen, setzen wir auf unser Erfahrungswissen, um den Gesprächspartner darüber zu diskreditieren. Eine fiese Taktik – doch wir greifen in Konflikten nur allzu gerne darauf zurück.

Und dennoch: Ich finde es uncool, Greta auf diese Weise die Reife abzusprechen. Und das Verhalten sagt auch einiges über unsere Gesellschaft aus. Ein Mädchen, das Angst um die Chance ihrer Generation auf eine lebenswerte Zukunft hat und das öffentlich artikuliert, bekommt mit Aufforderungen wie „Die sollte mal zum Psychiater!" eine verbale Ohrfeige verpasst. Gleichzeitig werden fröhlich Fakten verdreht und schöngeredet, Stichwort Erderwärmung. Und alle sind gerührt, wenn erwachsene Menschen weinen, weil zum Beispiel ihr Team Deutscher Meister geworden ist. Dann heißt es plötzlich: „Toll, dass die Männer so zu ihren Gefühlen stehen!". Gehts noch?

Aus meiner Sicht hat Greta vor allem eins: Recht.

Finanzminister im Wind

11/2019

– Was interessiert Scholz sein Geschwätz von gestern?

Es war einmal ein Bundesfinanzminister, der nach dem Rücktritt der Parteivorsitzenden Nahles vehement verkündete, keine Kandidatur für die vakante Stelle in Erwägung zu ziehen. Denn eine solche Doppelbelastung sei zeitlich überhaupt nicht zu stemmen. Anscheinend hat jedoch eine gute Fee die Lösung gefunden! Denn anders lässt sich Olaf Scholz' Kehrtwende um 180 Grad aktuell nicht erklären.

Der Glaubwürdigkeitskonflikt

Sicher haben Sie mitbekommen, was seit dem Auftritt bei Anne Will in den sozialen Medien und in der Presse los war. Vom „Wendehals" Scholz ist die Rede, der sein Fähnchen nach dem Wind richtet. Wie es dazu kommt, ist ganz logisch: Wir Menschen versuchen, in unseren Meinungen, in unserer inneren Einstellung konsistent zu bleiben. Kein Wunder – schließlich ist es energetisch viel einfacher, an dem festzuhalten, was man sich einmal zusammengebaut habe. Wir streben nach Konsistenz. Wenn jemand einen Werte- oder Meinungswandel vollzieht, hat er daher ein dickes Brett zu bohren, um diese Veränderung glaubwürdig darzulegen. Hier braucht es gute Formulierungen und vor allem Durchhaltevermögen, um andere davon zu überzeugen, dass sich die Meinung geändert hat.

Besonders wichtig: Bei vielen Menschen kommt an dieser Stelle der Begriff „Glaubwürdigkeit" ins Spiel. Herr Scholz stellte heraus, dass er sich der SPD gegenüber verpflichtet fühlt. In der aktuellen Situation kann er gar nicht anders, als für den Vorsitz zu kandidieren, um die Partei aus der Krise zu führen. Sehr ehrenhaft, keine Frage. Allerdings hat sich unsere Zeitmessung bisher nicht verändert. Ein Tag hat immer noch 24 Stunden. Und mit seiner rhetorisch ungünstigen vorherigen Formulierung „Ich habe keine Zeit für beides" hat sich Scholz definitiv keinen Gefallen getan. Mit einem „Ich weiß nicht genau, wie ich das schaffen soll …" hätte er sich zumindest eine Hintertür offengehalten, die jetzt sehr hilfreich wäre.

Das rät der Konfliktnavigator

Wir alle geraten in Konflikte, in denen wir gegebenenfalls von unserem Standpunkt abrücken (müssen). Anders lassen sich Debatten nicht lösen. Denn das grundlegende Element eines Streitgesprächs ist die Bereitschaft, die eigene Meinung zu überdenken und einen Schritt auf unser Gegenüber zuzumachen. Damit wir uns klar verstehen: Das hat weder etwas mit „Niederlage" noch mit „Aufgeben" oder „Einknicken" zu tun. Den anderen dafür verhöhnen, dass er plötzlich seine Meinung ändert? Keine gute Idee. Das ist auch eine Frage des Respekts. Ich respektiere Menschen, egal welche Meinungen, Eigenheiten oder Besonderheiten sie haben. Und das gebietet mir, mein andersdenkendes Gegenüber weder zu beschimpfen noch zu verhöhnen. Selbst dann nicht, wenn ich seine Ansichten absolut nicht teilen kann, Stichwort Präsident Bolsonaro und sein Verständnis des Amazonas als „Rohstoff". Was Sie stattdessen tun sollten? Ihrem Konfliktpartner auf charmante Weise ermöglichen und ihm auch Unterstützung dabei bieten, eine Veränderung und damit ein Nachgeben in sein System zu integrieren, ohne dass alles zusammenbricht. So wahren alle Beteiligten ihr Gesicht – und die Debatte ist vom Tisch.

Beyond Beat: Da gehts um die (Tofu-)Wurst

08/2019

Leiden Sie schon unter Fleischscham, weil Sie vor Ihren Veganer-Freunden noch tierische Produkte auf den Grill legen? Mit klaren Spielregeln wird die Grillparty trotzdem ein Erfolg! Tipps für konfliktfreies Grillen gibts hier!

„Woran erkennt man Tesla-Besitzer und Veganer? Sie erzählen es dir ungefragt!" Klarer Fall: Zwischen Fleischessern und Veganern knistert schnell mehr als nur die Grillkohle. Hier braucht es gegenseitiges Werteverständnis und klare Spielregeln, um die völlige Eskalation zu verhindern.

Fleischscham?

Angeheizt wird das Thema Veganismus durch die aktuelle Klimadebatte. Keine Frage – gut für die Umwelt ist der massenhafte Verzehr von Discounter-Fleisch definitiv nicht. Studien belegen, dass für ein Kilogramm Rindfleisch über 15.000 Liter Wasser benötigt werden. Für ein Kilo Kartoffeln hingegen nur 100 Liter. Kommt nach Flugscham jetzt als Nächstes Fleischscham?

Der Deutschland-Launch des veganen Burger Patties von Beyond Beat konnte wirklich zu keinem besseren Zeitpunkt geschehen. Die Zahlen sprechen für sich: Die Aktie des Produzenten geht durch die Decke und verzeichnet gerade ein Plus von 728 Prozent. Das

Erfolgsrezept: Ein Burgerpatty, der nicht nur wie Fleisch aussieht, sondern auch so schmeckt, riecht und ein ähnliches Mundgefühl hat. Natürlich kann man jetzt ketzerisch fragen: Warum braucht es einen veganen Burger, der an Fleisch erinnern soll? Weil Veganer nicht gleich Veganer sind. Entscheidend sind die eigenen Werte: Das kann der Wunsch sein, die Umwelt zu schonen, das Tierwohl – möglicherweise haben auch gesundheitliche Gründe zum Fleischverzicht geführt. Und für diejenigen, die den Geschmack eines saftigen Burgers vermissen, ist Beyond Beat eine tolle Lösung. In puncto Umweltbilanz müssen dann allerdings beide Augen zugedrückt werden, denn die Produktion ist weder nachhaltig noch biologisch.

„Jeder isst so viel er kann, nur nicht seinen Nebenmann!"

Erinnern Sie sich noch an diesen schönen Spruch aus Kindertagen? So einfach ist es heute bei Weitem nicht mehr. Einfaches, gemütliches miteinander Grillen kann schnell eskalieren, wenn die Gemüsespieße zu nah am Fleisch liegen oder die Tofu-Wurst gar mit der Zange gewendet wird, die vorher Spare Ribs in Position gebracht hat ... Damit Fleischliebhaber und Gemüsejünger gemeinsam genießen können und Ihre Grillparty nicht zum Desaster wird, habe ich ein paar sofort umsetzbare Tipps für Sie.

Emotionen berücksichtigen, Regeln aufstellen!

Dass Sie mit Aussagen wie „Hier wird gegessen, was auf den Tisch kommt!" oder „Auf meinem Grill hat das Tierfutter nichts verloren!" nicht weiterkommen, dürfte klar sein, oder? Meist beginnt die Diskussion noch vergleichbar harmlos als Debatte. Man erklärt, wieso man auf Fleisch oder insgesamt tierische Produkte verzichtet – oder eben nicht. Allerdings wird sich hier niemand von der Meinung des Gegenübers überzeugen lassen. Und haben sich die Emotionen einmal hochgeschaukelt, wird daraus schnell ein heilloser Streit, in dem mit Begriffen wie „Tiermörder", „Pflanzenfresser" und Co. um sich geworfen wird. Was dann folgt, sind meist offener Krieg und unschöne Reaktionen wie Boykott, Verlassen der Grillfeier, nicht mehr miteinander reden und so weiter. Das muss nicht sein!

Sie sehen solch einen Konflikt auf sich zukommen? Dann ersticken Sie das Drama am besten direkt im Keim, indem Sie die unterschiedlichen Werte akzeptieren und Spielregeln für alle Beteiligten aufstellen. Etwa, indem klar definiert wird, dass es auf jeden Fall eine vegane und eine vegetarische Alternative zu Grillwurst und Co. geben wird. Oder dass in der Familie einmal pro Woche ein Gericht aus Bio-Fleisch auf den Tisch kommt, falls der Fleischverzicht eher ökologisch motiviert ist. Und bitte keine spitzen Bemerkungen, da diese direkt Werte angreifen!

Schlussendlich ist und bleibt es Geschmacksache – und darüber lässt sich bekanntermaßen nicht streiten. In diesem Sinne: Guten Appetit und lassen Sie sich Ihren Burger schmecken – egal ob mit oder ohne Fleisch!

Welttag der Ehe

02/2019

So hat Ihre Konfliktforschungs-GmbH Bestand!

Na, haben Sie es schon gemerkt? Ob im Supermarkt, in der Drogerie oder sogar an der Tankstelle. Überall springen uns momentan Pralinenschachteln in Herzform, kitschige Plüschbärchen und anderer mit Herzen, Rosen und Liebesschwüren dekorierter Nippes entgegen. Klarer Fall: Am 14. Februar ist schließlich Valentinstag! Ich bin mir sicher, dass auf der Beziehungsebene deutlich stärkere Beben als an anderen Tagen verzeichnen wird. Kein Wunder. Schließlich suggerieren uns die Medien, dass wir emotional verrohte Loser sind, wenn wir unseren auserkorenen Herzensmenschen an diesem Tag nicht mit einer besonders schönen Auswahl dieser Nichtigkeiten beglücken. Idealweise ergänzt um ein romantisches Candle-Light-Dinner. Und man munkelt, dass gerade die Damenwelt auch einem ganz bestimmten Ring als Geschenk nicht abgeneigt wäre …

Jetzt mal runter mit der rosaroten Brille! Fällt Ihnen etwas auf? Alles, was mit dem Thema Valentinstag zu tun hat, scheint sich fast ausschließlich an frisch verliebte Paare zu richten! Was natürlich daran liegen könnte, dass niemand, der alle Tassen im Schrank hat und nicht unter dem Einfluss körpereigener Drogen steht, diesen ganzen Krempel ernsthaft kaufen und auch noch schön finden würde. Viel erstrebenswerter entdecke ich daher einen anderen Tag, der völlig zu Unrecht im Schatten des Valentinstags sein Dasein fristet: Am 10. Februar ist der Welttag der Ehe!

Konfliktmanagement für eine glückliche Beziehung

„Drum prüfe, wer sich ewig bindet, ob sich nicht doch was Besseres findet!" Zugegeben, der Spruch ist fies. Aber ich habe den Eindruck, dass gerade in der heutigen Zeit Beziehungen nach diesem Motto eingegangen werden. Es ist schön, solange alles Friede, Freude, sein – aber sobald r ersten Wolken aufziehen, wird der Partner gegen ein neues Modell ausgetauscht. Das mag auf den ersten Blick energieeffizient sein. Doch schlussendlich fängt man so immer wieder von vorne an.

Ich bezeichne eine Ehe gerne als „Gründung einer GmbH für Konfliktforschung". Das klingt erst einmal lustig, doch lassen Sie uns genauer hinschauen. Doch irgendwann schleicht sich der Alltag ein und Veränderungen wirken sich auf die Beziehung aus – sei es ein Umzug, berufliche Weiterentwicklung, Kinder … Genauso ergeht es auch einer GmbH: Ein Unternehmen kann nur dann erfolgreich am Markt bestehen, wenn es sich an die wechselnden Rahmenbedingungen anpasst. Wenn die Innovationsabteilung neue Produkte zur Marktreife bringt und auf Kundenwünsche eingegangen wird. Um zu wissen, dass das nicht immer konfliktfrei über die Bühne geht, brauchen Sie nur die Tageszeitung aufzuschlagen. Oder ganz neumodisch die

Headlines auf Ihrer bevorzugten Nachrichtenseite checken.

Achten Sie auf Emotionen!

Warum das so ist? Weil es bei Konflikten nicht allein darum geht, ein Panne oder ein Problem zu lösen. Die entscheidende Zutat, die die Schärfe ins Gericht bringt, sind die Emotionen! Sowohl in Beziehungen als auch dann, wenn es ums Business geht. Emotionen sind immer Botschafter von Bedürfnissen. Lassen Sie es mich anhand eines einfachen Beispiels verdeutlichen: Sie sind auf dem Weg zur Arbeit und stellen fest, dass Sie Ihr Handy zuhause liegt. Eine klassische Panne, wie sie jedem von uns passieren kann. Zurückfahren ist nicht drin, da Sie sonst zu spät zu einem wichtigen Meeting kommen. Der Haken an der Sache: Sie können Ihrer Partnerin nicht Bescheid sagen, dass Sie zum geplanten romantischen Dinner im Restaurant verspätet kommen werden. Was folgt, können Sie sich ausmalen: Eine wutschnaubende Dame, die Ihnen Ignoranz vorwirft – wenn sie überhaupt bis zu Ihrem Eintreffen gewartet hat. Hier haben Sie die Emotionen. Und schon stecken Sie mittendrin im Konflikt! Ganz sachlich gesprochen wird aus einem Problem ein Konflikt, wenn eines der drei menschlichen Grundbedürfnisse nicht bedient wird: Zugehörigkeit, Wachstum und Sicherheit. In jeder Diskussion mit Ihrem Partner sollten Sie also nicht nur auf das Offensichtliche schauen – sondern herausfinden, welche Bedürfnisse offen als Souffleur agieren. Im gerade skizzierten Fall ist ein verletztes Zugehörigkeitsgefühl

Auslöser des Konflikts: Die Dame fühlt sich zurückgesetzt, weil den lieben langen Tag keine Nachricht kam – und auch kein Anruf, um die Verspätung anzukünden. Um hier die Balken wieder geradezubiegen und den Konflikt auf eine Panne runter zu dampfen, besorgen Sie am besten unterwegs einen Blumenstrauß zur Entschuldigung und bedenken die Herzensdame in den nächsten Tagen mit mehreren kleinen Botschaften, um Ihr klar zu signalisieren, dass sie Ihnen am Herzen liegt.

Ich bin hauptberuflich Konfliktnavigator und kein Beziehungsratgeber, aber ich denke, Sie verstehen, worauf ich hinaus will. Eine erfolgreiche GmbH, sei es ein Unternehmen oder eine Ehe, braucht ein vernünftiges Konfliktmanagement. Und entsprechend gegenseitige Rücksichtnahme und ein Verständnis für die Bedürfnisse des Gegenübers. In diesem Sinne wünsche ich Ihnen noch viele erfolgreiche Ehetage – nicht nur am 10.02.!

Osnabrück sieht grün

06/2019

Sensation im Landkreis Osnabrück: Die erste grüne Landrätin der Bundesrepublik Deutschland wurde gestern gewählt! Anna Kebschull setzte sich in der Stichwahl klar gegen ihren Mitbewerber, den bisherigen Landrat und CDU-Mann Michael Lübbersmann, durch.

Warum ich Ihnen das als Konfliktnavigator erzähle? Zum einen, weil das schöne Städtchen Melle, das ich meine Heimat nenne, in eben diesem Landkreis verortet ist. Zum anderen, weil diese große politische Überraschung im Landrat garantiert zu interessanten Situationen führen wird.

Konfliktmanagement: Debatten bereiten den Weg für Innovationen

Denn auch wenn Frau Kebschull die Wahl gewonnen hat – eine politische Mehrheit hat sie dennoch nicht. Die Folge: Sie wird Handlungsalternativen finden, in den Diskurs gehen und sicher Kompromisse eingehen müssen, um etwas zu bewegen. Manch einer mag jetzt denken, dass das ganz schön anstrengend und aussichtslos klingt. Dabei ist es immer auch eine Frage der Sichtweise. Natürlich ist es bequemer, für seine Ideen von allen Seiten Unterstützung zu bekommen. Doch die wirklich großen Dinger, die echten Innovationen entstehen meist aus Konflikten. Auch dann, wenn die Mächtigen und die Massen erst mal nicht hinter der Idee stehen. Wissen Sie, was geschah, nachdem der Ingenieur Carl Benz 1886 ein Reichspatent für seinen neuartigen Motorwagen erhielt? Nichts. Kein Mensch wollte so eine Höllenmaschine kaufen. Die überlieferte Aussage von Kaiser Wilhelm II. lautet: „Ich glaube an das Pferd. Das Automobil ist eine vorübergehende Erscheinung." Wie die Geschichte ausgegangen ist, wissen Sie ...

Tipp vom Konfliktnavigator

Was das Wahlergebnis außerdem verrät: Dass es enorm wichtig ist, immer in Bewegung zu bleiben und Menschen emotional zu beteiligen, damit eine Idee wachsen kann. Die Grünen hatten im Vergleich zur CDU ein eingeschränktes Wahlkampfbudget und auch nicht den Bonus, bereits im Amt zu sein. Und trotzdem hat es geklappt! Weil Anna Kebschull an die breite Masse appelliert hat, während sich die Etablierten zu sehr darauf verlassen haben, dass die Wähler auch bei der Stichwahl verlässlich zur Urne gehen würden. Weit gefehlt, wie der krasse Abfall der Wahlbeteiligung zeigt.

Was wir uns hier zudem abschauen können: Mit echter Begeisterung für eine Sache lässt sich viel erreichen. Und es kommt in Konflikten nicht darauf an, unbedingt die eigene Meinung ohne Kompromisse durchzudrücken. Der Sinn sollte immer darin liegen, voranzukommen!

Küken kontra Kapitalismus

06/2019

Das Bundesverwaltungsgericht hat ein Urteil zum sogenannten „Küken-Schreddern" gefällt. Eigentlich ist der Name an sich schon irreführend – natürlich werden die kleinen Kerlchen nicht bei vollem Bewusstsein, sondern betäubt mit CO_2 zu Tierfutter verarbeitet. Ob es das besser macht, sei jetzt dahingestellt.

Die wichtigste Botschaft: Das Bundesverwaltungsgericht Leipzig hat das massenhafte Töten männlicher Küken in der Legehennenzucht vorerst noch als rechtmäßig bestätigt. Bis zur Einführung von alternativen Verfahren zur Geschlechtsbestimmung im Hühnerei dürfen Brutbetriebe männliche Küken weiter töten. Entscheidend ist jedoch die Aussage, dass die wirtschaftlichen Interessen der Betriebe kein vernünftiger Grund im Sinne des Tierschutzes seien. Auch wenn bis zur völligen Abschaffung dieser Praxis noch eine Menge Küken dran glauben müssen, ist das ein wichtiges und bewegendes Urteil. Denn das Gericht hat zum ersten Mal das Tierwohl über das wirtschaftliche Interesse gestellt – ganz im Gegensatz zu den vorherigen Instanzen. Und das ist ein Erfolg!

Konfliktmanagement

Die Reaktion auf das Urteil hängt davon ab, welcher Interessengruppe Sie angehören. Die Bauern sind froh, erst mal davongekommen zu sein. Die Tierschützer hingegen sind entsetzt, dass dem „Schreddern" immer noch kein Riegel vorgeschoben wird. Wir haben es hier mit einem klassischen Konflikt zu tun: Zwei Seiten, die jeweils ihre guten Gründe und Argumente haben. Dass es nicht zu einer Lösung durch Überzeugen kommen wird, dürfte auf den ersten Blick augenfällig sein. Hier müssen eindeutige Regeln her, die die Situation einwandfrei für alle Beteiligten klären – und mit entsprechenden Sanktionen verbunden sind, falls eine der Parteien dagegen verstößt.

Tipp vom Konfliktnavigator

Was wir aus diesem Fall für unseren eigenen Umgang mit Konflikten lernen können: Schauen Sie sich die „Zwiebelschalen" an! Was hängt für den Einzelnen alles an der Situation? Die Landwirte sind nicht per se kaltherzige Tierquäler. Für sie ist es bisher schlicht die effizienteste und kostengünstigste Lösung. Und denken Sie auch mal eine Nummer größer: Was würde ein Verbot im globalen Bereich bedeuten? Werden Bauern ihre Mini-Hähne bald in Nacht- und Nebelaktionen über Grenzen schmuggeln in Länder, wo das Schreddern nach wie vor erlaubt ist? Oder der ganze Betrieb siedelt direkt um?

Anstatt direkt drauflos zu krähen, ist es sinnvoll, erst einmal innezuhalten und die äußeren Schalen in Ruhe zu betrachten. Natürlich können Sie Ihren Ärger artikulieren – doch die Auseinandersetzung selbst sollten Sie auf den nächsten Tag verschieben. Nutzen Sie die Zeit, um wieder runterzukommen – und sich auch mal in die Schuhe Ihres Gegenübers zu stellen. Wussten Sie, dass es in der Wehrbeschwerdeordnung der

Bundeswehr im Paragraf 6 einen Passus gibt, der besagt, dass eine Beschwerde erst nach Ablauf einer Nacht eingereicht werden kann? Da hat sich jemand Gedanken gemacht. Mit anderen Worten: Erst drüber schlafen – und dann am Konflikt weiterarbeiten.

In diesem Sinne: Küken kontra Kapitalismus – eine Frage von Zoom und Perspektive.

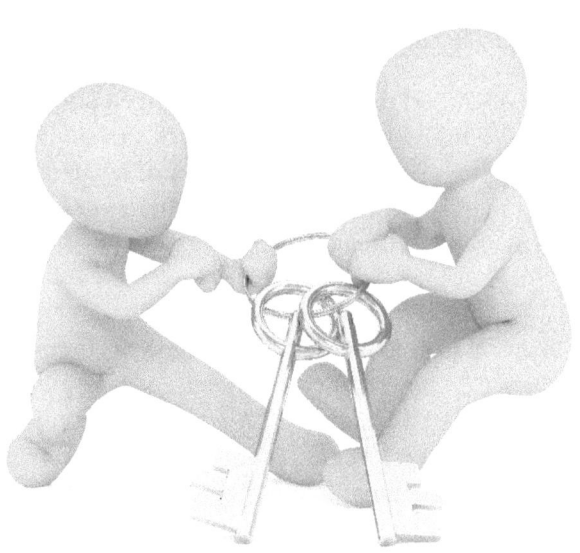

Man muss nicht jeden Mist unterschreiben!

04/2020

Erschreckende Erkenntnisse über die Koalitionsverhandlungen

Von diesen Verhandlungen berichten Insider, dass „man sich erst mal drei Tage die Wahlprogramme vorgelesen hat!".

Mit Erstaunen las ich dann am 1.12.2017 in der Neuen Osnabrücker Zeitung ein Interview mit einer Generalsekretärin, die sinngemäß äußerte: „Mit Zielen hätte es vielleicht funktioniert!"

Mir schaudert es, wenn Verhandlungen über unsere Regierungsbildung scheinbar derart ziellos geführt werden. Auch nach zweimaligen schmerzhaften Kniffen in Oberarm und Schenkel wollten die Leseeindrücke sich nicht relativieren.

FASSUNGLOSIGKEIT!

Wie will man jemanden überzeugen in einer stilvollen Debatte, wenn keiner formulierten Ziele gibt? Das Akronym SMART aus dem Projektmanagement hängt allen Trainern und Teilnehmern an Seminaren mittlerweile zum Hals raus. Selbst beim Spiel braucht man Ziele und Strategien, Spielzüge und Durchhaltevermögen.

Die Augen müde vom Schmerz, glitten sie weiter zurück zur Schlagzeile. Toxisch schon angehaucht, brannte sich die Überschrift in der Retina fest „Man muss nicht jeden Mist unterschreiben!"

Ich kriege es nicht scharf, welchen Grund es geben kann, die Vorschläge und Meinungen anderer als Mist zu bezeichnen; sie damit abzuwerten, lächerlich zu machen, im wahrsten Sinne des Wortes in den Dreck zu ziehen.

Ich vermisse ganz klar die Seriosität in der respektvollen Haltung anderen politischen Parteien gegenüber. Wieder haben Trainer und Teilnehmer Tränen in den Augen, wenn sie an die qualvollen Monologe der Profis über gewaltfreie oder respektvolle Kommunikation denken. Mit solchen Formulierungen diskreditiert sich ein Gesprächspartner gegenüber den andern beim Verhandeln auf Augenhöhe.

Von anderen Parteien bin ich solche rhetorischen Kniffe unter der Toleranzschwelle gewöhnt; die hatten bisher noch kein Mandat für eine Regierungsbildung erhalten.

Kapitel Leben

Es gibt den Begriff des Alltagswahnsinns- eine Kombination von Routine, Langeweile, Ödnis und gleichzeitiger emotionaler Berg- und Talfahrt. Manche Geschichten hören wir von Freunden und Nachbarn und denken: Wenn das einer so verfilmen würde, das wäre n unglaubwürdig!

In diesem Wirrwarr leben und lieben wir. Versuchen jeden Tropfen aus dem Leben saugen, sind unvernünftig und verschleißfreudig mit unserer Gesundheit und unserem Geist.

Die Palliativpflegerin Bronnie Ware hat darüber ein Buch geschrieben, "The Top Five Regrets of the Dying", übersetzt "Die fünf Dinge, die Sterbende am meisten bereuen".

Ich will nur die Nr. 1 verraten: "Ich wünschte, ich hätte den Mut gehabt, mein eigenes Leben zu leben.". Es gibt Tausende von Büchern mit dem Titelanfang „Wie man xys…..!" Setzen Sie glücklich, erfolgreich, beliebt, schlank, Meisterredner, jede Frau/Mann rumkriegt, Kinder gut erzieht, Oldtimer restauriert….

Das wird nur getoppt durch den Zusatz „Die 5 Geheimnisse, wie man…." Alles Ratgeber, deren Inhalt sich mit der Liedzeile von der Kölner Kultband Bläck Fööss zusammenfassen lässt:

Arsch huh - Zäng ussenander

Kölsch für Arsch hoch, Zähne auseinander

13.000 beim Konzert und meine Kneipe ist zu- echt jetzt?

07/2020

Die Überschrift klingt erst mal schräg, ist aber das, was viele über diese Aktion denken.

Als Experte wurde ich beim ARD BRISANT Magazin gefragt, ob das Konzert mit Sarah Connor und Bryan Adams Anfang September 2020 stattfinden solle. Meine Antwort war klar: „Es ist unverantwortlich, dieses Experiment zum jetzigen Zeitpunkt zu wagen!"

Die Spaltung

Infektionsbiologisch und seuchentechnisch kann man die Sinnhaftigkeit nur hinterher beurteilen. Das akut Fatale daran ist, dass es unsere Gesellschaft spaltet und das Unverständnis fördert. Es wirft bei verschiedenen Interessengruppen sofort Fragen auf: Warum darf mein Theater, mein Kino, mein Veranstaltungsraum, meine Konzerthalle, meine Sportanlage usw. das nicht genauso?

Die Diskussion über die Einzelheiten wie Hygienekonzept, Besucherwegeführung, Personalisierung von Tickets- so weit kommt man gar nicht in den Disput, weil der Wunsch nach Normalität und gemeinschaftlichen Erlebnissen die sachliche Debatte erschwert.

Ja- ich will wieder meine Fangesänge in der Stadionkurve erleben, mit meinem Feuerzeug zu der Lieblingsbandatmosphäre beisteuern, besondere Tage meiner Familie ausgiebig und ausgelassen feiern.

Wie gesagt, es geht nicht um die Glaubensfrage, wann welche Lockerung eintritt, sondern um das Spiel mit Wünschen und Emotionen der Bevölkerung. Und was mich am meisten irritiert? Es geht mit der Profilierung einzelner Personen einher - sowohl in die eine als auch die andere Richtung.

Vielleicht sind die Menschen nicht an der Nase herumzuführen, angeblich unverantwortlich, wie es suggeriert wird: Zum heutigen Zeitpunkt sind 3000 von 13.000 Karten verkauft.

Der Versuch

Da gibt es ein meiner Ansicht interessanteres Experiment unter https://www.restart19.de/ -Simulationen zum Übertragungsrisiko von COVID-19 im Rahmen von Sport- und Kultur-Großveranstaltungen in geschlossenen Räumen- am Beispiel vom Tim-Bendzko-Konzert in Leipzig:

„Hauptziel der Forscher ist es, ein mathematisches Modell zu entwickeln, mit dem das Risiko eines Corona-Ausbruchs nach Großveranstaltungen in Hallen berechnet werden kann. Für die Studie müssen alle Teilnehmer negativ auf Corona getestet sein. Alle Beteiligten bekämen nach ihrer Anmeldung einen Test zugeschickt und sollten ihn möglichst bei einer Sammelstelle abgeben, sagte eine Sprecherin der Uni-Klinik. Das Testergebnis werde per Mail versandt und müsse am 22. August mitgebracht werden. Die Forscher stellen FFP2-Masken, die während des gesamten Experiments getragen werden müssen…

Hauptziel der Forscher ist es, ein mathematisches Modell zu entwickeln, mit dem das Risiko eines Corona-Ausbruchs nach Großveranstaltungen in Hallen berechnet werden kann. Für die Studie müssen alle Teilnehmer negativ auf Corona getestet sein. Alle Beteiligten bekämen nach ihrer Anmeldung einen Test zugeschickt und sollten ihn möglichst bei einer Sammelstelle abgeben, sagte eine Sprecherin der Uni-Klinik. Das Testergebnis werde per Mail versandt und müsse am 22. August mitgebracht werden. Die Forscher stellen FFP2-Masken, die während des gesamten Experiments getragen werden müssen.

Die Forderung

Solange nicht alle Fachleute, Ämter und Behörden an einem Strang ziehen, wird das Unverständnis der Bevölkerung nur größer, die Stimmung schlechter und die Katastrophenmüdigkeit nimmt zu.

Mein Angebot, das Kommunikationsministerium kommissarisch zu übernehmen, steht immer noch :-)!

Mentale Übermüdungserscheinungen beim Corona-Virus

05/2020

Leider wird der Virus nicht müde, sondern bei uns Menschen verändern sich die Reizschwellen.

Ab einem gewissen Maß von schlechten Nachrichten und Katastrophenmeldungen schaltet der Mensch in einem besonderen Mechanismus der Verharmlosung und des Trotzes.

Der Mechanismus

Damit es auch seriös klingt, macht die Bezeichnung Desaster Fatigue richtig was her.

Sie kennen das von der Süßigkeitenmischung in der bunten Plastiktüte: Sie nehmen Ihr Lieblingsteil daraus, verschließen diese und vermuten, dass es keiner bemerken wird. Dann treibt Sie erneut der Heißhunger zu der Packung. Statistisch wissen Sie, dass die sukzessive Abnahme eines Bestandteils irgendwann auffallen wird. Trotzdem schleichen sie immer wieder zum Tatort zurück und glauben, dass es so funktionieren wird. Dieser Vergleich mag psychologisch nicht 100 % passen, weil ich gerade unterzuckert bin, skizziert aber das beschriebene Phänomen.

Die Aktualität

Ab einem gewissen Zeitpunkt haben wir uns an die düstere Nachrichtenlage gewöhnt und halten sie für das normale Level. Wir zeigen uns einsichtig für Beschränkungen, doch irgendwann schlägt die Stimmung um. Die Sorgen und Nöte in wirtschaftlichem Zusammenhang werden stärker, die Nerven dünner und daraus erwächst die kollektive Erkenntnis: Es reicht! Bei älteren Generationen hört man dann „Wir haben schon Schlimmeres überstanden!" und bei den Jüngeren verbreitet sich Coolness über „Was solls, erstmal Party!".

Die Quelle

Gestützt wird diese Betrachtung über das Gemeinschaftsprojekt von Universität Erfurt (UE, Leitung), Robert Koch-Institut (RKI), Bundeszentrale für gesundheitliche Aufklärung (BZgA), Leibniz-Zentrum für Psychologische Information und Dokumentation (ZPID), Science Media Center (SMC), Bernhard Nocht Institute for Tropical Medicine (BNITM), Yale Institute for Global Health (YIGH) unter www.corona-monitor.de. Darin werden beunruhigende Parallelen zwischen den Bewegungsdaten der Deutschen und der Zustimmung zu den Lockdown-Maßnahmen konstatiert.

Die Folgerung

Daraus ergibt sich unabdingbar das geschickte Aufsetzen einer zielführenden Krisenkommunikation-Menschen mit Informationen versorgen und gleichzeitig deren geheime Wünsche soweit erfüllen, dass dieser Negativumschwung kontrollierbar ist. Ja, das hat was von „Brot und Spiel" aus dem alten Rom ist

für die Bewältigung dieser Krise gesellschaftlich notwendig. Die moralische Frage, ob diese Manipulation
legitim sei, ist absolut berechtigt und muss aus ethi-
schen Gründen immer im Hinterkopf bleiben. Dagegen ist abzuwägen, wie Deutschland aus dieser exis-
tenziellen Krise geführt werden kann.

Der Appell

- an die Politiker: Koordinieren Sie auf Bundes-
  und Landesebene, in den Kommunen und öffent-
  lichen Einrichtungen die Kommunikationsstrate-
  gie: Jeder darf etwas sagen und das jedoch in oben
  beschriebenem Tenor!

- an die anderen Menschen: Wer wenig Ahnung
  hat, einfach mal die Klappe halten und mit Ge-
  rüchten, Vermutungen und Spekulationen sich
  zurückhalten. In geschlossenen Gruppen von
  Social Media gibt es genügend Gelegenheiten,
  sich verbal auszutoben.

Konflikte sind sexy!

02/2020

Kann ein Video den Ruf ruinieren?...klares Jein!

Anfang Februar 2020 habe ich ein Musikvideo mit meinem Herzensthema veröffentlicht. Entstanden in dem coolen Format eines Kollegen: Mit einem transportablen Tonstudio und ein paar Handy-Kameras im Koffer besucht er unterschiedliche Gäste und lädt sie zu einem Experiment ein. Die Aufgabe: Innerhalb von drei Stunden etwas Musikalisches zu produzieren. Es wird nichts vorbereitet, es bestehen keine Vorab-Absprachen. Gestartet wird mit dem berühmten „weißen Blatt".

Nach der Veröffentlichung habe ich die unterschiedlichsten Rückmeldungen erhalten. Sie reichten von „hammermäßig" über „zu privat" bis zu „...das kannst du als älterer Herr nicht machen! Was sollen deine Kunden denken!". Interessant und ich bewege alle Meinungen in meinem Herzen.

Es ist definitiv zu sehen, wie viel Spaß wir bei der Produktion hatten und mit den ganzen technischen Herausforderungen der Pilotfolge und der Zeitbegrenzung- ein groovendes Ergebnis. War alles freiwillig und von mir freigegeben.

Ich habe den Mut, eine Seite zu zeigen, die nicht viele kennen, im privaten Rahmen und ohne Businessrüstung; also nicht so pastoral und seriös.

Ja, in meinem Leben gibt es viele Widersprüchlichkeiten. Das ist meine Qualität, weil ich viel erlebt, erlitten und auch triumphiert habe, neugierig und interessiert gesegnet bin mit einigen Talenten und Disziplin.

Damit bin scheinbar ich eine Spiegelfläche und Projektionswand für andere. Ich zeig dann eine Facette, die bei anderen klingelt, Resonanz erzeugt und eventuell den Buzzer drückt – zack!

Die Reaktion sagt mehr über den Absender alles über mich aus. Interessant und ich bewege alle Meinung in meinem Herzen.

Ein Kommunikationsmodell mit 4 Ebenen beschreibt eine davon als Selbstkundgabe: Ich sage bei jeder Kommunikation immer etwas über mich selbst aus, meine Stimmung, meine innere Haltung und mein Wertesystem.

Ich habe mich dazu entschlossen, Spekulationen darüber bei mir der Art zu begegnen, dass ich mich zeige, die verschiedenen Facetten offenlege.

Jede(r) kann entscheiden, ob der Link zum Video geklickt wird.

Auf jeden Fall lerne ich so die Menschen und Kunden kennen, die uns beiden gut tun!

Heute ist der Tag der Blockflöte

01/2020

…und welches Schicksal sie mit Konflikten gemeinsam hat

Bei vielen Menschen sträuben sich bei dem Wort "Blockflöte" die Nackenhaare auf.

Alles Erinnerungen an unsere Schulzeit, wo wir teilweise im Musikunterricht mit diesem Klangschnuller oder auch Spuckholz gequält worden sind. Wer halbwegs gut singen konnte, bekam eine Note 2 und wer zusätzlich noch ein Lied auf dem Holz spielen konnte, die Note 1.

Dabei ist die Blockflöte eines der ältesten Instrumente der Welt, beginnend in der prähistorischen Zeit, wo ausgehöhlte Knochen zum Einsatz kamen. Vielleicht ist das die Erklärung, warum uns das Blockflötenspiel zu Weihnachten so durch Mark und Bein gegangen ist :-).

Blockflöten und Konflikte teilen sich ein ähnliches Schicksal- das schlechte Image wie oben beschrieben und gleichzeitig die vielfach mangelnde ausgeprägte Fähigkeit, "es" zu beherrschen.

Bei Konflikten wird oben etwas rein geblasen und wir sind in der Lage, das, was weiter unten rauskommt, zu manipulieren, also zu handhaben, zu gestalten und zu einer wohlklingenden Melodie umzuwandeln.

Es ist hilfreich, sich also über die Funktion der Instrumente im Klaren zu sein. Als studierter Musiker könnte ich auch über das Holz sprechen, mir liegt aber das Menschliche näher.

Was ich von mir gebe, ist das Ausgangsmaterial, im wahrsten Sinne des Wortes der gute Ton: Meine Ansprache an den Gesprächspartner, die Wortwahl, meine Argumentation. Dazu gehört auch, mal die Luft anzuhalten und zu atmen. Des Weiteren die Möglichkeit, mit dem Publikum zu interagieren und in einen echten Dialog zu kommen. Die äußeren Rahmenbedingungen sind ebenfalls ein wichtiger Faktor: Zeitpunkt, räumliche Gegebenheiten, also die atmosphärischen Dinge. Ganz zu schweigen von der Frage, ob dieses Thema jetzt gerade auf dem aktuellen Spielplan einer Familie, einem Team oder einem Unternehmen steht.

Sie ahnen, dass ich noch viele Analogien zwischen beiden Themen benennen könnte. Bevor ich jetzt den Bogen überspanne, ende ich mit einem Zitat von Johann Gottfried Seume:

"Wo man singt, da laß' dich ruhig nieder, böse Menschen haben keine Lieder."

Schluss mit „Mia San Mia"!

11/2019

Sie haben es mitbekommen: Am Sonntagabend war bei den Bayern der Maßkrug voll und Niko Kovac wurde nach einer verheerenden 1:5-Niederlage gegen Frankfurt vor die Tür gesetzt. Was denken Sie: Überreaktion oder gerechtfertigte Lösung, um die erfolgsverwöhnte Truppe wieder auf Kurs zu bringen?

Auf den ersten Blick

Im Fußball ist es ein ungeschriebenes Gesetz: Bleibt der Erfolg aus, wird zwar die Leistung der Spieler kritisiert – schuld ist aber immer der Trainer. Das mag auf den ein oder anderen arrogant wirken. War es schlussendlich verletzter Stolz der Führungsriege, der den Stuhl von Kovac in der Säbener Straße abgesägt hat? Ist Rummenigge und Co. ihr „Mia San Mia" zu Kopf gestiegen – oder steckt mehr hinter der Entscheidung? Es ist zumindest verwunderlich, dass es nicht mal einen Warnschuss oder eine Bewährungsmöglichkeit für Kovac gegeben hat. Vielleicht, weil die Tabellenkrise so schnell wie möglich ausgemerzt werden muss. Aktuell Platz vier, so „schlecht" standen die Bayern nach 10 Spieltagen seit Jahren nicht – und das ausgerechnet kurz vor der großen Abschiedsfeier für Uli Hoeneß. Mittelmäßiger Fußball und glänzende Inszenierung – zwei Dinge, die nicht recht zusammengehen wollen. Damit es möglichst konfliktfrei zugehen kann am 15. November, fiel womöglich die Entscheidung, besser jetzt als später reinen Tisch zu machen.

Einmal Fremdkörper, immer Fremdkörper

Wenn wir ehrlich sind: So richtig gepasst hat es von Anfang an nicht. Die Süddeutsche Zeitung titelte am Montag groß: „Kovac war immer ein Fremdkörper beim FC Bayern". Um in Zukunft solche Konflikte zu vermeiden, ist es daher wichtig, bei der Wahl des nächsten Trainers genau hinzuschauen. Klar war es eindrucksvoll, wie er die knapp am Abstieg vorbeigeschrammten Frankfurter bis zum Gewinn des DFB-Pokals 2018 führte – gegen die Bayern. Doch Erfolge sind nicht alles. Entscheidend ist, dass Trainer und Verein auch die gleichen Werte, Muster und Antriebsmodelle verfolgen. Ideal wäre demnach eine Kombi aus Hoeneß und Rummenigge.

Gleich und gleich gesellt sich gern

Natürlich heißt es im gleichen Atemzug: „… und Gegensätze ziehen sich an." Aber ist das wirklich so? Denken Sie mal genauer drüber nach – und schauen Sie sich Ihren engeren Freundeskreis an. Und was fällt Ihnen auf? Fakt ist, dass wir unbewusst dazu tendieren, uns Menschen zu suchen, die uns ähnlich sind. Vielleicht ist mal einer dabei, der etwas aus der Reihe tanzt und den „Freakfaktor" hat – das war es dann aber auch. Im Großen und Ganzen fühlen wir uns wohl mit Menschen, die mit uns auf einer Wellenlänge sind.

Und genauso handeln wir auch, wenn es darum geht, Teams im Unternehmen zu bilden. Die Mitglieder einer Mannschaft sollten die gleichen Werte und

Antreiber teilen, sonst gibt es schnell böses Blut. Das bedeutet jedoch nicht, dass sich alle wie ein Ei dem anderen gleichen sollen. Eine gewisse Streuung der Persönlichkeiten ist schon erwünscht. Denn wir brauchen in einem Team die Peniblen, die auf die Einhaltung der Regeln pochen. Genauso wie die positiv Verrückten, die vor kreativen Ideen nur so sprudeln. Die Sozialen, die immer alle Geburtstage im Blick haben und so weiter. Die Basis muss jedoch identisch sein – und im Falle des FC Bayern schlicht und einfach „bayerisch".

Ist das noch klimaneutral?

05/2019

Fasst Euch erst mal an die eigene Nase!

Egal, ob ich den Fernseher anschalte oder online eine Nachrichtenseite ansurfe: Greta ist schon da. Und mit ihr die unvermeidlichen Stimmen. Wenn ich mir die Medienresonanz so anschaue, gibt es anscheinend nur schwarz oder weiß und die junge Schwedin wird wahlweise zur Heiligen oder zum Teufel hochstilisiert. Ist sie ein echtes Vorbild – oder ist ihre Reise zur Weltklimakonferenz ein abgekartetes PR-Spektakel? Denn immerhin benötigt sie vier Rückflugtickets. Und ganz zu schweigen von dem ganzen $CO2$-Ausstoß, den die begleitenden Journalistenboote produzieren, ebenso wie der zu erwartende Medienrummel inklusive Kamera-Helikopter im Hafen von New York …

Fake News sind Nährboden für Konflikte

Mal Hand aufs Herz: Haben Sie auf der letzten Gartenparty nicht auch Besteck und Becher aus Plastik benutzt? Oder Strohhalme? Und haben Sie sich nicht auch finanziell an der Kreuzfahrt beteiligt, die die Schwiegereltern zur goldenen Hochzeit geschenkt bekommen haben? Und was ist mit den Karibik-Flitterwochen der besten Freunde? Sie werden gar nicht lange suchen müssen, um Ihre ganz persönlichen „Klimasünden" aufzudecken. Aber sind es überhaupt welche? Denn solche Verurteilungen fußen in der Regel auf Fakten. Oder sollte ich besser sagen – auf vermeintlichen Fakten? Sicher haben Sie x-mal gelesen, dass die 15 größten Kreuzfahrtschiffe mehr Dreck ausstoßen als alle weltweit zugelassenen Pkw. Soweit so gut. Tatsache ist allerdings, dass diese Zahl überhaupt nicht nachvollziehbar ist und der Empirie nicht standhält. Das will aber keiner hören. Ist viel bequemer, einen Sündenbock zu haben und mit dem Finger auf andere zeigen zu können. Nicht anders ist es bei den Strohhalmen: Angeblich werden pro Jahr in Deutschland 40 Milliarden Kunststoff-Strohhalme verbraucht. Das macht 485 pro Person pro Jahr, also 1,3 Strohhalme pro Tag. Ich weiß nicht, wie es Ihnen geht – aber so einen exzessiven Strohhalm-Konsum hatte ich bisher in keiner Phase meines Lebens. Egal, lieber entspannt zurücklehnen und den Cocktail auf Instagram posten, der natürlich mit feschen Edelstahl-Trinkhalmen konsumiert wird. Doch auch diese sind mit Vorsicht zu genießen, wie der unglückliche Fall einer Britin zeigt, die sich durch einen unglücklichen Sturz tödliche Hirnverletzungen zuzog.

Ohne Kompromisse läuft es nicht

Solche Fake News helfen bei der Entstehung von Parolen, keine Frage. Griffige Bilder, bei denen vom Detail aufs Ganze geschlossen wird. Ob die Einzelheit überhaupt stimmt, interessiert leider keinen mehr, wenn der Stein erst mal ins Rollen geraten ist. Und genau dieses Pauschalieren ist der Nährboden für Konflikte.

Der Klima-Konflikt ist eine harte Nuss. Für mich steht fest, wir alle müssen etwas tun. Und zwar sofort. Greta Thunberg bewegt Fragestellungen und Menschen. Und sie hat mit ihren 16 Jahren bereits mehr für das Problematik Klima- und Umweltschutz erreicht als ich mit meinen 57 Jahren. Das ist bewundernswert. Wenn jeder seinen Teil beiträgt, können wir unsere Welt deutlich verbessern, davon bin ich überzeugt. Das bedeutet jedoch, dass wir einen Kompromiss eingehen und etwas von unserem lieb gewonnenen Komfort aufgeben müssen. Wie das aussieht, sollte jeder für sich entscheiden. Der Haken an der Sache: Kompromisse haben kein gutes Image. Immer schwingen Begriffe wie „Schwäche" und „nachgeben" mit.

Völlig zu Unrecht! Wenn Sie 100 Menschen zum Thema Klimaschutz befragen, werden Sie 100 Meinungen bekommen. Eine Lösung ist nur über einen Kompromiss möglich. Kompromisse sind einer der Grundsteine, auf denen menschliches Zusammenleben fußt. Mein Wunsch daher: Tun Sie, was Sie für richtig halten – und lassen Sie andere einfach anders sein. Ganz gleich, ob es schwedische Mädchen, Kreuzfahrer oder engagierte Haarseifen- und Bambuszahnbürstennutzer sind.

Konfliktfreie Ostertage

04/2020

Drei Tipps, damit es nichts hinter die Löffel gibt

Es ist fast geschafft: 40 Tage Fastenzeit liegen so gut wie hinter uns und das Osterfest steht vor der Tür. Gerade Christinnen und Christen verbinden mit diesem Fest auch die Hoffnung auf Frieden. Doch damit ist es in vielen Familien an Ostern allerdings so eine Sache …

Kinder, die fröhlich nach versteckten Süßigkeiten suchen, ein leckeres Festtagsmenü und alle haben sich lieb. Soweit die Theorie. In Wirklichkeit bricht vielen Menschen bei dem Gedanken an die nahenden Ostertage der Angstschweiß aus. Das Haus wird wie irre geputzt, damit die Schwiegermutter hoffentlich keinen Anlass zur Kritik findet. Rezepte werden gewälzt, Speisefolgen geplant und verworfen. In letzter Minute werden noch kleine Geschenke besorgt, um ja nicht mit leeren Händen dazustehen, falls der Schwager es wieder übertreibt. Mit anderen Worten: Es brodelt im Kessel. Und die Chancen stehen gut, dass spätestens zum Kaffee die ersten Tränen kullern – oder bereits erste Übungen im Schokohasen-Weitwurf unternommen wurden.

Schrauben Sie Ihre Erwartungen runter!

Ostern, das Fest der Konflikte? Das muss nicht sein. Ein Auslöser sind vor allem die hohen Erwartungen: An Feiertagen soll immer alles perfekt sein – aber wieso eigentlich? Weil wir uns wünschen, so albern es erst mal klingen mag, ein funktionierender Teil der Gemeinschaft zu sein. Mit anderen Worten: Wir wollen die Aufgabe, allen als Gastgeber ein tolles Osterfest zu bescheren, mit Bravour meistern. Und haben Bammel, daran zu scheitern. Angst, nicht gut genug zu sein. Merken Sie was? Außer in richtig schlimmen Telenovelas wird Ihnen niemals ein Verwandter auf den Kopf zusagen: „Ich erwarte ein perfektes Drei-Gang-Menü, sonst komme ich nicht!" Und selbst wenn – dann wüssten Sie schon, wen Sie nicht einladen brauchen … Kurz gesagt: Dieser Osterkonflikt ist hausgemacht. Leute, entspannt Euch! Es geht um das Zusammensein – und das kann bei Pizza vom Lieferdienst genauso nett sein. Und was die Putzerei angeht: Es kommt nur der Osterhase, nicht das Gesundheitsamt.

Wichtig ist auch zu wissen, dass bei Konflikten Timing alles ist. Kennen Sie Chronos und Kairos? Die beiden standen im alten Griechenland für die Dichotomie der Zeitphasen. „Chronos" ist dabei für die Zeit verantwortlich, die permanent vergeht. „Kairos" hingegen ist der Gott der günstigen Gelegenheit. Er wird häufig mit kahlem Hinterkopf und einem längeren Haarschopf an der Stirn dargestellt. Wahrscheinlich ahnen Sie es schon: Hier hat die Redewendung „Die Gelegenheit beim Schopfe packen" ihren Ursprung. Wenn Sie nicht im richtigen Moment zupacken, flutscht Ihnen die Chance durch die Finger … und genauso ist es bei Konflikten. Man muss den günstigen

Zeitpunkt abpassen, um bestimmte Themen anzusprechen. Und manchmal ist es besser, erst mal den Mund zu halten.

Die folgenden drei Tipps helfen Ihnen dabei, die kommenden Feiertage ohne Blessuren und ausgerupfte Haare zu überstehen:

1. Sprechen Sie potenzielle Konflikte an, bevor die komplette Familie aufeinandertrifft. Vertagen Sie sie auf später, wenn keine Lösung in Sicht ist – und finden Sie je nach Situation eine Sprachregelung, wie das Thema schnell zur Seite geschoben werden kann. Denn die Trennung von Onkel Thomas und Tante Gerda muss nicht beim Essen erörtert werden – ebenso wenig wie das betrübliche Zeugnis des Jüngsten oder die scheinbar indiskutable Partnerwahl der Enkelin.

2. Dampf ablassen! Machen Sie nicht gezwungenermaßen auf „Happy Family". Viele Familien sehen sich sonst das ganze Jahr nicht – und hocken Weihnachten und Ostern aufeinander. Die ungewohnte Nähe kann schon mal ein bisschen viel sein. Um Dampf abzulassen und wieder auf normale Betriebstemperatur zu kommen, empfiehlt sich ein kleiner Osterspaziergang – allein.

3. Verschiedene Geschmäcker akzeptieren: Das Familienzusammentreffen ist nicht der richtige Zeitpunkt für Grundsatzdiskussionen. Wer in die Kirche gehen will, macht das. Und wer nicht, kümmert sich stattdessen um die Kinder, unternimmt einen Spaziergang – oder genießt einfach die Ruhe. Und

eine vegetarische Alternative zum Osterlamm bedeutet zwar einen zusätzlichen Zeitaufwand – unterbindet damit aber von vorneherein endlose „Bekehrungsversuche" von Fleisch- oder Pflanzenfressern.

In diesem Sinne wünsche Ihnen ein schönes, konfliktfreies Osterfest!

Und denken Sie daran: Timing ist alles!

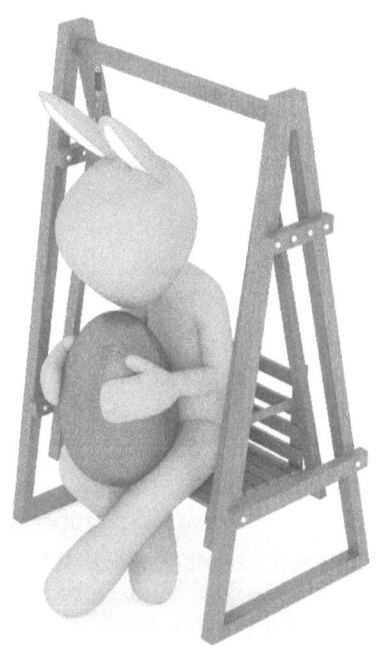

Laktat- übersäuern für den Erfolg!

05/2018

Ende April 2018 habe ich auf Facebook eine humoreske Verbindung zwischen Fitness-/Lebensalter und maximaler Sauerstoffaufnahme hergestellt. Daraufhin erhielt ich einige Antworten nach dem Motto „Lass die Technik weg! Höre auf Deinen Körper! Spüre…" Vor einiger Zeit hatte ich eine große sportmedizinische Untersuchung. Blutdruck an den Füßen, Doppler, Ultraschall vom Herz, Laufband mit Laktat, Spirometrie usw.

Medizinisch alles in Ordnung., vom Trainingszustand her gäbe es etwas zu optimieren.

…Einschub…

Unser Körper hat zwei Möglichkeiten, beim Joggen Energie bereitzustellen. Einmal über die Fettverbrennung mit normalen Einsatz von Sauerstoff und andererseits Kohlenhydrate aus den Muskelspeichern mit hohem Sauerstoffverbrauch, mit der Folge von Übersäuerung durch Laktat, wenn Speicher alle. (Sportprofis bitte Milde walten lassen ob der einfachen Darstellung). Ich hätte mein Körper durch unbedachtes Sporteln die letzten Jahre trainiert, hohe Übersäuerung auszuhalten, bis zu 11 mmol/l, angeblich ein respektabel seltener Wert im Amateurbereich. Einschub Ende.

...sauer sein!

Würde ich weiterhin auf mein bisheriges Körpergefühl achten, würde ich immer saurer werden und irgendwann am Straßenrand liegen mit dem berühmten Hungerast". Das ist der Oberbegriff für die Erschöpfung der Glykogenvorräte in der Leber und den Muskeln).

...was tun?

Nun trainierte ich meinen Körper durch langsames Laufen, zuerst die günstigen Fettreserven zu nutzen, bevor er auf die anderen Action-Speicher zurückgreift.

Das fühlt sich komisch an- so langsam zu traben, nicht mehr durch die Fitness App angefeuert werden „Das war Dein schnellster mittellanger Lauf bisher! Zeig Deinen Freunden den Erfolg…". Das heißt auch Kontrolle der Pulsfrequenz, um im Grundlagenausdauer-Bereich 1 oder 2 unterhalb der anaeroben Schwelle zu bleiben.

Also waren die Schritte

- Bestandsaufnahme durch objektive Unterstützer und externe Referenzpunkte
- fundierte Auswertung und Maßnahmenkatalog erstellen
- diszipliniertes Umsetzen mit konsequenter Kontrolle.

…Erkenntnis?

Genauso gelingt eine Veränderung der Kommunikationsriten im Konfliktbereich mit DEN Zutaten und in DER Reihenfolge.

Dazu kommt mir immer das Einstein zugeschriebene Zitat in den Sinn.

„Die Definition von Wahnsinn ist, immer wieder das Gleiche zu tun und andere Ergebnisse zu erwarten."

P.S. Nichts gegen meine Eignung, lange „sauer zu bleiben"- einer meiner Erfolgsfaktoren und eine außergewöhnliche Fähigkeit! Das Repertoire zu erweitern ist meine Herausforderung. Dazu brauche auch ich externe Unterstützung!

P.P.S. Blöde Selbstdisziplin und beim Coach-Sein an die eigene Nase fassen- der Schuster hat die schlechtesten Schuhe!

Keep on running!

Stunk ist gut

09/2019

-jedoch nur im alternativen Kölner Karneval und nicht in den normalen vier Jahreszeiten.

In den sozialen Medien lese ich gerade über Politiker als „Honks" und „unwürdiges" Verhalten bei den Koalitionsverhandlungen.

Da werden Vergleiche gezogen und Relationen hergestellt, die mich sprachlos machen. Das will was heißen.

In einem Post wird die Leistung der jetzigen Regierung aufgelistet und variable Maßstäbe angelegt, die mich in ihrer Logik an eine Notiz über einen angeblichen Wissenschaftler erinnern:

Im Jahr 2008 hat ein Wissenschaftler namens William Jostling versucht zu beweisen, dass Krabben mit ihren Beinen hören. Dazu hat er ein Tier angeschrien, das daraufhin weglief. Als Nächstes entfernte er die Beine und brüllte sie wieder an. Und siehe da, sie rührte sich nicht! Womit seine These bewiesen sein sollte.

Ich bin beruflich gerade sowohl im Pflegebereich als auch in Leitungsebenen in Konzernen unterwegs. Wenn ich da mit den allseits bekannten Kommunikationsmodellen auftauche, werden reihenweise die Augen verdreht- „Kennen wir schon/ haben wir hundertmal gehört/ machen wir doch schon/ gibt's noch etwas Neues!"

Wenn dann im Verlauf die beruflichen Stolpersteine ans Tageslicht kommen, lassen sich die Ursachen auf ganz einfache Extrakte zusammen kochen:

- mehrere Ebenen einer Botschaft
- Mensch und Verhalten trennen
- Akzeptanz von unterschiedlichem „Treibstoff" und
- Emotionen handhaben

Führungskraft und Vorbild sein, beinhaltet das Tun, das Machen, gerade auch in angespannten Situationen- nicht das Wissen.

…und wenn dann noch die Weisheit verblasen wird:

„Alles was Du denken kannst, kannst Du auch tun!" dann gilt natürlich der logische Rückschluss:

„Deine Posts materialisieren, wie Du denkst."

„Wolle mer dat Vernunft rein lasse?" Tätä, tätä, tätä!

Glyphosat – dagegen ist (k)ein Kraut gewachsen

02/2020

Kann ich überhaupt überzeugt werden? Der angeblichen Sachlichkeit auf der Grünspur.

Es grünt so grün, wenn…

Ich bin arbeitender Verwalter eines Grundstücks mit fast 1500 m², hauptsächlich grünes Land, also Pflanzen. Es gibt Phasen im Jahresverlauf, in den ich auf Knien rutschend Grünzeug aus den Fugen der Terrasse kratze, vom Vertikutieren zu Saisonbeginn ganz zu schweigen. Da ist die Versuchung schon groß, mithilfe von Chemie die Arbeit zu vereinfachen- aufsprühen und fertig!

Die Informationen sprießen aus den Medien…

Upps- das war doch was- Glyphosatskandal- ein Minister war genauso orientierungslos wie die Bienen, die damit in Kontakt kommen.

Eine Internetrecherche fördert einen breit gefächerten Informationswust ans Tageslicht:

Glyphosat blockiert die Produktion bestimmter Enzyme, die das Wachstum der Pflanzen organisieren; funktioniert nur in der Flora, Fauna bleibt biologisch unbehelligt. Die Substanz steht im Verdacht, wahrscheinlich krebserzeugend zu sein. Unterschiedliche Organisationen kommen zu unterschiedlichen Studienergebnissen. Beim Einsatz wird auch der Lebensraum für Insekten und anderen Kleinlebewesen zurückgedrängt.

Biologischer Anbau benötigt für die Produktion von Feldfrüchten mehr als doppelt so viele Hektar wie konventioneller Ackerbau. Das Unkraut muss auch mechanisch weg- dem Artenschutz steht also nur die Hälfte der Fläche zur Verfügung.

Das Fruchtfleisch hat eine harte Schale…

Angeblich sind 74 % der Deutschen bereit, höhere Lebensmittelpreise zu zahlen, wenn auf Glyphosat verzichtet werden würde. Der Anteil von Nahrungsmitteln aus Bioproduktion beträgt lediglich 5,1 %. Drei von vier Deutschen sind bereit mehr Geld auszugeben und in Wahrheit kauft nur jeder 20. Bioprodukte. Dieselbe Orientierungslosigkeit wie beim Minister und den Bienen.

Die zarte Knospe der Meinung…

Über dieses Thema debattieren bedeutet, Informationen auszutauschen und die bessere Argumentation gelten zu lassen. Dabei kommen jedoch die unterschiedlichen Wertesysteme unweigerlich ans Tageslicht. Durch diese Zutat wird eine Meinungsaufgabe emotional erschwert.

So bleibt also nur das gemeinsame Ringen um Spielregeln übrig- ein langer intensiver Prozess, der die Bereitschaft voraussetzt, die andere Einstellung zu respektieren.

Die Ernte lautet also...

Erkläre mir Deine Position und ich wiederhole diese so lange, bis Du sagst „Du hast mich verstanden!". Dann tauschen wir die Rollen, bis Du meinen Standpunkt verstanden hast. Erst dann tauschen wir die Argumente aus und starten den Versuch zu überzeugen. Dabei achten wir beide darauf, dass der emotionale Gesprächsanteil klar gekennzeichnet ist und ohne Vorwürfe vonstattengeht.

Wir sollten vorher düngen...

Kommunikation kann nur funktionieren, wenn die grundsätzliche positive Bereitschaft dazu besteht.

Der erste Schritt dazu kann sein, den anderen verstehen zu WOLLEN!

Mit dem Lästermodus im Konfliktkarussell

09/2019

Gestern wurde mein Telefonanschluss auf die neue IP- Technologie umgestellt. Als ich im sozialen Umfeld erzählte, dass ich beim klassischen Anbieter geblieben bin, schallte es aus allen Richtungen:

„Na, dann viel Spaß! Dann 4 Wochen ohne Internet! Klappt sowieso nicht, weil…! Bei meinen Nachbarn hat es …".

???

Terminfenster eingehalten – 30 Minuten Umbau und Inbetriebnahme – alles funktioniert.

Lästern bedeutet, abfällige Bemerkungen über jemanden oder etwas abzusondern. Also definitiv etwas, was ins Negative zielt und somit eine düstere Emotion beinhaltet. Damit ist es unmöglich, das Lästermaul von der Unrichtigkeit seiner Aussage zu überzeugen. Am anderen Ende des Spektrums lohnt es sich nicht, für einen Telekommunikationsanbieter zu kämpfender war schließlich mein erstes Aktiendebakel 2002.

Hier erfahren Sie mehr über die 3 Konfliktkategorien.

Mir fallen spontan die drei Siebe des Sokrates ein. Googeln Sie mal!

Meine Kurzversion lautet: Bevor ein Mann Sokrates eine Geschichte erzählen konnte, wurde er mit den

Fragen gestoppt „Ist es wahr, was Du mir erzählen möchtest? Ist es gut? Ist es notwendig?"

Ich weiß, dass es ein philosophisches Geplänkel darstellt. Wenn wir die drei Siebe im Alltag und Berufsleben anwenden würden, blieben kaum noch Gespräche übrig. Es wäre seltsam still in deutschen Büroetagen.

Ich sage damit auch nichts gegen die Ventilfunktion einer Seelenreinigung, gerade an Bratwurstständen und an der Feuerschale muss es manchmal sein-definitiv.

Mir geht es um die Frage, ob wir damit nicht unsere eigene Laune verderben und in den negativen Strudel abdriften. Unsere Gedanken formen unsere innere Haltung. Wenn wir schon in der philosophischen Ecke sind- Aphorismus aus dem Talmud:

- Achte auf Deine Gedanken, denn sie werden Worte.
- Achte auf Deine Worte, denn sie werden Handlungen.
- Achte auf Deine Handlungen, denn sie werden Gewohnheiten.
- Achte auf Deine Gewohnheiten, denn sie werden Dein Charakter.
- Achte auf Deinen Charakter, denn er wird Dein Schicksal.

Stilvoll gekleidet zu sein und aufmerksamer Umgang mit den Mitmenschen kann auch mal eine Pause haben. Zu Hause in Jogginghose, düstere Laune und Kartoffelchips auf dem Sofa sind vollkommen ok. Auch wenn Karl Lagerfeld meint, dass man/frau mit einer Jogginghose die Kontrolle über sein Leben verloren hat. Ich liebe temporären Kontrollverlust. Es geht um die innere Haltung.

Ach, noch mal kurz zur Wahrheit. Wenn Sie mich kennen oder schon etwas von mir gelesen haben, wissen Sie, als neugieriger Charakter liebe ich Wahrnehmungsphänomene. Menschen fokussieren sich hauptsächlich auf das, was nicht geklappt hat. Selektive Wahrnehmung halt. Bei wie vielen Tausenden von Telefonumstellungen in Deutschland geht es reibungslos vonstatten? Das ist keine Sondermeldung wert. Der Einzelerscheinung, die individuelle Katastrophe eines Selbstständigen, der durch fehlendes Internet einen Auftrag verliert-darüber, schreiben Zeitungen und empören wir uns auf Facebook. Wir schließen von einem Einzelfall auf die Gesamtheit. „Wer einmal lügt, dem glaubt man nicht, auch wenn er dann die Wahrheit spricht!"

Ich höre mir die o. g. Gespräche mittlerweile interessiert an, beende sie charmant oder stelle die Hammerfrage „Warum erzählst Du mir das und was soll ich Deiner Meinung nach tun?" Dann drehe ich mich weg und denke frei nach Jens Corssen

„Du bist ein strahlender Stern und ich habe mir das Gespräch anders vorgestellt!"

Kapitel Digitalisierung

Der Sprung war durch Corona notwendig. Alles, was jahrzehntelang verschlafen wurde, ging nun im Schweinsgalopp. Umgangssprachlich heißt das: sehr schnell, meist aber auch nicht besonders sorgfältig.

Aktuelle Handlungsfelder sind:

- Computer und Distance Learning in Schulen
- Homeoffice
- Nutzung on Online-Konferenztools
- Flexible Arbeitszeiten
- Neue Formen von (Personal-)Führung
- Freizeitgestaltung
- Familienleben
- Rollenverständnis in Beziehungen
- Demokratie und Toleranz
- Einfluss von Medien und Meinungsmache

Gleichzeitig beschleicht uns eine innere Kälte, wenn wir merken, dass künstliche Intelligenz immer mehr in unser analoges Leben Einzug hält. Werden wir in absehbarer Zeit von Maschinen beherrscht?

Ist das nicht schon lange der Fall, wenn ich mir den Handynacken anschaue: Unser Kopf wiegt 6 Kilo und schaut mit 45 Grad auf das Handy. Eine Halskette mit einem Anhänger von 2,5 kg simuliert diese Belastung.

Hieß schon mal „Arsch huh - Zäng ussenander"!

Homeoffice ist auch nur ein neuer Job!

12/2020

In meinem Berufsleben waren das Auftauchen des Handys und Navigationsgerätes für mich größere Einschnitte als die Heimarbeit.

Das war damals Stress pur: Auf der Autobahn unterwegs zu sein und im Stau zu stehen, ohne seinen Gesprächspartner darüber informieren zu können. Vielleicht noch an einer Tankstelle eine Telefonzelle suchen, um dann zu entdecken, dass man nicht die passenden Münzen dabei hatte. Auch durch die Autobahnkreuze des Ruhrgebietes zu irren, den Tankstellen-Atlas auf den Knien und die blitzartige Erkenntnis: Da hätte ich auf die A 45 abbiegen müssen!

Ich werde kurz die Schalen des neuen Orbits skizzieren, einige Tipps geben und dann auf die Besonderheiten im Konfliktumgang eingehen.

Die erste Umlaufbahn...

bin ich. Dabei lautet die entscheidende Frage „Warum gehe ich ins Homeoffice - Zwang oder Wunsch?". Eine schonungslose Selbstanalyse anhand einer Tabelle mit zum Beispiel den Überschriften „dafür/dagegen", Vorteil/Nachteil, Gewinn/Verlust" geben mir eine Orientierung, mit der ich mich positionieren kann. Diese Reflexion kann auch, sollte auch, in den emotionalen Bereich gehen: Welche

Hoffnungen sind damit verbunden, welche Ängste und Sehnsüchte?

Die zweite Umlaufbahn...

ist die Arbeit und deren Rahmenbedingungen. Hier gibt es die 3 Segmente:

Verträge und Vereinbarungen mit dem Arbeitgeber über zum Beispiel Kostenübernahme, Datenschutz, Arbeitsschutz, Betriebliches Gesundheitsmanagement, Haftpflicht, Nutzungsgarantie, Zeiterfassung und so weiter.

Technik: PC oder Laptop, Webkamera, Mikrofon und Ohrhörer, Bandbreite und spezielle Software und Schutz der Computer.

Für mich als Konfliktnavigator ist das dritte Segment entscheidender: Wie wir anders miteinander kommunizieren und uns doch verstehen?

Eine neue Qualität entsteht!

Ich war vor einigen Wochen bei einem Weinabend über ein Online-Konferenzsystem eingeladen. 6 Persönlichkeiten, alle miteinander unbekannt, selbst organisierter Wein und eine charmante gastgebende Person. Keine vorgegebene Struktur, sondern ein vorsichtiges, höfliches und umsichtiges miteinander in Kontakt kommen. Nach den 3 Stunden hatte ich mehr preisgegeben und mich wohler gefühlt, als wenn dieses Treffen live in einem Restaurant oder einer Bierstube stattgefunden hätte. Ein absoluter Gewinn durch die online Variante. Ein wunderbarer Nebeneffekt war, dass ich nach Ende der „Konferenz" gleich zu Hause war und so den Abend ausklingen lassen konnte.

Die dritte Umlaufbahn...

ist das soziale Umfeld inklusive der Familie. Wo in der gemeinsamen Wohnung ist der Arbeitsplatz? Wie wird mit Störungen und jederzeit der Erreichbarkeit umgegangen? Wie wird Familie und Arbeit voneinander abgegrenzt? Hier ist der wichtigste Punkt, wie sich in einer intimen Partnerschaft das gegenseitige Rollenverständnis verschiebt, sogar neu definiert wird.

Wo ist das „Homeoffice-boarding" System?

Zurück zu meiner provokanten Aussage, dass Homeoffice nur wie ein neuer Job sei. Auf jeden Fall würde ein „Homeoffice-boarding" Strategie diese neue Form der Arbeit reibungsfreier gestalten. Klartext: Wenn eine Personalabteilung 9 Monate nach dem Beginn der Pandemie kein System der Einführung von Homeoffice als Prozess niedergelegt hat, dann ist das kein Ärgernis, sondern ein nicht zu entschuldigendes Versäumnis. Vieles ist ähnlich und übertragbar zu gestalten. Natürlich gibt es Unterschiede und Besonderheiten, auf die Rücksicht genommen werden muss und der Schub, den die Digitalisierung hat, vervielfacht die Wucht.

Es ist ein anderes Werkzeug für die gleiche Arbeit. Ich habe in meiner Jugend den „Franzosen" kennengelernt- ein verstellbarer Schraubenschlüssel mit beidseitigem Maul. Ein Multifunktionswerkzeug, das heute kaum noch bekannt ist. Es wurde abgelöst von 265-teiligen Knarrenkästen und raffiniertem neuen Werkzeug. Bei deren Einführung hat nie jemand einen derartigen Hype verursacht, weil es geht dort in erster Linie um Zusammenbauen, Auseinandernehmen und in die Gänge bekommen. Bevor ich mich aber zu sehr aufrege, komme ich auf die Konfliktpotenziale zurück.

Konflikt-Tipps

Der Selbstkonflikt in der ersten Umlaufbahn ist der innere Konflikt, wie ich mit der Umstellung, der Ungewissheit und den anfänglichen Reibungsverlusten umgehe. Ausgiebige Selbstgespräche und Ergebnissicherung mit Protokoll, verwoben mit Kontemplation, auch neudeutsch Chillen genannt, lassen meine Einstellung im Umgang damit reifen.

Die zweite Umlaufbahn mit den Arbeits –und Rahmenbedingungen lässt sich mit klaren Vorgaben, Verhandlungskultur und gegenseitiger Kompromissbereitschaft bewerkstelligen. Das Miteinander ist kreativer zu gestalten, da Teamevents, Weihnachtsfeiern nicht zu hundert Prozent durch Digitales substituiert werden können. Hier gibt es mittlerweile viele Beispiele, wie ein gewisser

Prozentsatz von fehlender Nähe durch neue Formate ersetzt werden kann.

Im sozialen Umfeld der dritten Umlaufbahn geben Familienkonferenzen klare Absprachen im Familienkreise und das angesprochene neue Austarieren der Beziehung die notwendige Sicherheit.

Lässigkeit und Nachlässigkeit

Zum Schluss werfe ich noch 2 Begriffe in die Runde: Lässigkeit und Nachlässigkeit. Auf der einen Seite Lässigkeit im Sinne von Unbekümmertheit, Zwanglosigkeit und ein cooler Umgang mit einer neuen Sache oder Situation. Nachlässigkeit ist das Synonym für Achtlosigkeit, Gedankenlosigkeit und Gleichgültigkeit. Beide Antipoden beim Homeoffice, sowohl Arbeitgeber als auch Arbeitnehmer, bewegen sich zwischen diesen Begriffen und beziehen dabei einen Standpunkt.

Durchschnitt ist gut!

Eine Erkenntnis dieser neuen Zeit ist, dass in der Schnelllebigkeit neue Impulse nicht auf der Nulllinie eines Oszillografen erstrebenswert sind. Die Balance, der mittlerer Wert an der Nulllinie zwischen den einzelnen Ausschlägen ist der Puls des Lebens. Es lebe der Durchschnitt!

In diesem Sinne: Frohes balancieren!

„Zukunft Bildung" und Digitalisierung – träumt weiter!

11/2019

In der ARD läuft gerade die Themenwoche „Zukunft Bildung" vom 9. bis 16. November 2019. Tolle Sache: Lernen ist wichtig, bringt uns weiter – und macht Spaß, wenn die Inhalte passend vermittelt werden. Wenn ich „Zukunft Bildung" höre, muss ich jedoch auch unweigerlich an das Thema Digitalisierung denken. Und spüre, wie mir fast zeitgleich ein Schauer über den Rücken läuft. Denn Bildung ist momentan in Deutschland alles, aber nicht digital. Um hier wirklich in Richtung Zukunft durchzustarten, wird es höchste Zeit, endlich nicht nur über den Tellerrand zu schauen – sondern am besten auch gleich die Füße aus der lauwarmen analogen Suppe zu ziehen, indem es sich das deutsche Bildungssystem seit Jahrzehnten bequem gemacht hat.

Völliges Chaos statt sichtbarer Fortschritt

1994 habe ich eine Fortbildung zum Medientechnikpädagogen gemacht. Die Älteren unter Ihnen werden sich erinnern – damals gab es eine politische Initiative mit dem Claim „Schulen ans Netz". Gute Idee, keine Frage. Doch die Umsetzung war mehr als stümperhaft. Sie werden nicht glauben, was ich da alles erlebt habe: Es wurden Drucker ausgeliefert, für die es keine mit dem Betriebssystem kompatiblen Treiber

gab. Router konnten aufgrund von Inkompatibilitäts-
problemen nicht ans Netz gehen. Kurzfassung: riesen-
große Katastrophe.

Und was tut die Politik in Sachen Bildung? Mir
scheint, dass der Posten des Bildungsministers vor allem eins ist: Ein beliebtes Ressort für Macher und
Durchlauferhitzer, da sich innerhalb einer Legislaturperiode bereits Erfolge vorweisen lassen. Ob diese
„Errungenschaften" die deutsche Bildungslandschaft
allerdings wirklich vorangebracht haben, sei dahingestellt. Sicher erinnern Sie sich zum Beispiel an das
ganze Gezerre um G7 oder G8 …

Lokale Lösungen statt Paragrafenreiter

Ich bin beidseitiger Lehrersohn (keine Sorge, ist
nicht ansteckend …), Musikpädagoge, Diplompäda-
goge Erwachsenenbildung und habe lange als Geschäftsführer eines großen Bildungsträgers gearbeitet.
Ich bin daher so frei, mir eine gewisse Erfahrung und
Sachkenntnis in Bezug auf das Thema zuzuschreiben.

Mein Vorschlag, um die Situation endlich mal
merklich voranzutreiben: Wie wäre es zum Beispiel,
eine „Public Private Partnership" einzugehen? Öffent-
liche Einrichtungen und Privatpersonen oder Unternehmen schließen sich auf lokaler Ebene zusammen.
Ich bin überzeugt davon, dass sich auf diese Weise wesentlich schneller und effizienter ein funktionierendes,
modernes Schulsystem aufbauen ließe. Ohne dass erst
mal europaweit eine Ausschreibung gemacht werden
muss, um einen Dienstleister für die Bereitstellung der

Technik zu finden. Möglicherweise wäre auf diese Weise auch eine unbürokratischere und flexiblere Projektgestaltung vorstellbar, die den Start der Digitalisierung noch vor 2025 möglich schafft.

Ohne Ausprobieren geht es nicht!

Damit „digitale Bildung" in Deutschland zur flächendeckenden Realität wird, reicht es jedoch nicht, entsprechende Finanzierungen zu tätigen. Denn die beste Technik nützt nichts, wenn angehende Lehrer an den Hochschulen immer noch mit Methoden der 70er-Jahre vertraut gemacht werden! „Alte Pädagogik" digitalisieren zu wollen, ist der absolut falsche Weg. Und nicht erst heute: Ich habe 1996 ein Internat in der Nähe von Hamm betreut. Die Lehrer waren hoch engagiert, haben versucht, moderne Technik zu integrieren – und sind an einem durch und durch analogen Lehrplan mit entsprechenden Methoden gescheitert.

Hier kann es nur eine Lösung geben: Mutig voranzuschreiten! Im Umgang mit der Digitalisierung gibt es weder in der Bildung noch in sonst einem Lebensbereich einen „Masterplan". Wir müssen unsere eigenen Erfahrungen machen – und sollten idealerweise branchenübergreifend kooperieren, um gemeinsam voranzukommen. Worauf warten wir noch?

Homeoffice ist keine Frage der Technik

04/2020

sondern des Vertrauens!

…Chef, kann ich nächsten Dienstag zuhause arbeiten? Der Heizungstechniker hat sich angekündigt.

Einmal ein Auge zudrücken werden wahrscheinlich die meisten Chefs in dieser Situation. Sobald Mitarbeiter jedoch mit dem Wunsch nach regelmäßigem Homeoffice auf sie zukommen, herrscht schnell dicke Luft. Aber warum eigentlich?

Ich möchte als älteres Semester eins ganz deutlich sagen: Der Wunsch nach Homeoffice ist keine Nebenwirkung der Digitalisierung. 1994 habe ich eine Fortbildung zum Medientechnikpädagogen absolviert. Und als Bildungsträger haben wir damals bereits Fortbildungen angeboten, die darauf abzielten, unter anderem Müttern mit kleinen Kindern auf diese Weise den Wiedereinstieg ins Arbeitsleben zu ermöglichen. Und das zu einer Zeit, als Internet bedeutete, dass zwei B-Kanäle eines ISDN-Telefonanschlusses gebündelt wurden. Und man sich getrost mehrere Tassen Kaffee holen konnte, bevor sich eine Website Pixel für Pixel aufgebaut hatte.

Zu teuer, zu kompliziert, zu unsicher.

Fragt man Führungskräfte, stehen die gleichen Gründe auf der Anti-Homeoffice-Liste: Kosten für die zusätzliche technische Ausrüstung, der Umgang mit sensiblen Daten außerhalb der Firma – und was ist überhaupt mit dem Arbeitsschutz? Ganz ehrlich: Was 1994 schon machbar war, sollte heute Kindergeburtstag sein. Jeder Mitarbeiter hat mittlerweile einen brauchbaren Internetanschluss und einen Laptop oder PC zu Hause. Lassen Sie uns also zum Kern vordringen: Der entscheidende Punkt, um den es bei der Debatte um Homeoffice und Telearbeit wirklich geht, ist Vertrauen. Das Vertrauen zwischen Arbeitgeber und Arbeitnehmer – und auch das Vertrauen des Arbeitnehmers in sich selbst.

Dezentrales Arbeiten ist heute ein Klacks. Es gibt Zeiterfassungssysteme. Und es sollte auch nicht so schwer sein, genaue Absprachen zu treffen, wann eine bestimmte Aufgabe erledigt sein soll. Wann und vor allem wo der Mitarbeiter sich darum kümmert, kann dem Chef dann egal sein. Das bedeutet jedoch, dass er oder sie in der Lage sein muss, loszulassen. Genug Führungskräfte trauen ihren Mitarbeitern immer noch kein selbstständiges Denken und Arbeiten zu und würden am liebsten alles selbst machen, wenn sie könnten. Entscheidend ist hier vor allem, dass die Beteiligten miteinander reden.

Macht den Mund auf, sagt, welche Wünsche und Erwartungen Ihr habt – und probiert es dann aus! Jeder Versuch macht klug. Homeoffice nur aufgrund von Vorurteilen oder eigenen Hirngespinsten abzulehnen, ist kein cleverer Schachzug. Vor allem nicht in den heutigen Zeiten des Fachkräftemangels und dem immer größer werdenden Bedürfnis nach Work-Life-

Balance und der Vereinbarkeit von Arbeit und Familienleben. Arbeit ist ein Miteinander, kein gegeneinander!

Klare Vereinbarungen treffen – mit sich selbst und anderen

Zum Schluss möchte ich noch kurz auf das Thema „Vertrauen in sich selbst" eingehen. Ich bin seit 10 Jahren selbstständig. Glauben Sie mir: Ich weiß, welche Verlockungen im Laufe eines Zeitraumes so auftauchen. Egal ob Einkaufen gehen, das Bad putzen oder die Gartenmöbel mit dem Hochdruckreiniger bearbeiten – es gibt Tage, an denen erscheinen alle diese Aufgaben verlockender als die eigentliche Arbeit. Stark bleiben! Und das gilt auch für den Umgang mit der eigenen Familie. Die Heimarbeitszeit muss ernst genommen werden. Legen Sie klare Zeiten fest oder vereinbaren Sie deutliche Zeichen wie ein Schild an der Tür. Nicht stören heißt dann nicht stören. Und nicht: „Schatz, kannst du nicht mal eben …?"

Mir ist bewusst, dass diese Arbeitsweise nicht für jede Persönlichkeit geeignet ist. Das muss man aber erst einmal herausfinden – idealerweise mit der Unterstützung des Arbeitgebers. In diesem Sinne: Gehen Sie mutig voran! Besprechen, probieren, auswerten – und dann neujustieren. Es ist ganz einfach, wenn alle Beteiligten miteinander reden.

Warum digitale Propheten Klavier spielen sollten

09/2020

„Wir müssen unsere Customer Journey updaten …

Ohne Algorithmen geht es nicht mehr. Wir sollten schauen, dass unsere Prozesse verschlankt werden und alles lean und agil ablaufen kann … Ohne KI geht bald gar nichts mehr, da müssen wir aufrüsten!"

Kommt Ihnen das bekannt vor? Klare Sache: Die Digitalisierung bringt unweigerlich große Umbrüche mit sich. Wer auch in Zukunft am Markt die Nase vorn haben möchte, kann es sich nicht leisten, in alten Mustern zu verharren. Was viele übereifrige Führungskräfte und Vorstände dabei jedoch übersehen: Übereilter Aktionismus und Changemanagement auf Teufel komm raus geht in den seltensten Fällen gut. Und nach anfänglicher Begeisterung blicken Sie überall in lange Gesichter, weil es mit der Umsetzung einfach nicht so reibungslos klappen will. Vielerorts wird dann der Changeberater vor die Tür gesetzt und ein neuer Heilsbringer gesucht, der das Unternehmen in eine glorreiche Zukunft führen soll.

Digitalisierung anno 1983

Auch wenn alle vor dem Begriff erschaudern: Die Sache mit der Digitalisierung ist nicht neu. Ich habe sie schon mal mitgemacht. Nach zehn Jahren Klavierunterricht kaufte ich mir 1983 einen Synthesizer – den Yamaha DX-7. Eine Sensation nach dem analogen

Moog-Modell! Ich fand es damals wahnsinnig spannend, welche neuen Möglichkeiten sich damit auftaten. Und so machte ich mich auf die Reise der Elektrifizierung meiner künstlerischen Fähigkeiten. Warum ich Ihnen das erzähle? Weil ich, um ein solches Gerät sinnvoll bedienen zu können, das Handwerk des Klavierspielens beherrschen musste.

Mit anderen Worten: Eine digitale Transformation setzt Grundlagen voraus! Depeche Mode wären sicherlich nicht zu den Synthie-Pop-Ikonen geworden, wenn keiner der Jungs in seiner Jugend das Handwerk am Klavier gelernt hätte. Und das Gleiche gilt auch für Unternehmen: Glauben Sie, Apple wäre heute Apple, wenn hinter der Fassade alles Kraut und Rüben wäre? Firmen müssen ihr Handwerkszeug beherrschen, bevor sie die digitale Transformation anstreben. Das heißt, die Führung muss eindeutig geregelt sein. Werte, Markenkern und Zielgruppe sind klar definiert und der Vertrieb macht schlagkräftig seinen Job. Nur wenn das alles gegeben ist, kann im nächsten Schritt eine wahrhaftige Klangexplosion entstehen.

Kenntnisse statt heiße Luft

Das gilt nicht nur für die Weiterentwicklung von Unternehmen und die Komposition von fetzigen Musikstücken, sondern auch für die selbst ernannten „Digitalisierungsgurus", die in Funk, Fernsehen und auf Kongressen ihr Unwesen treiben. Ohne mit der Wimper zu zucken, machen sie uns düsterste Prophezeiungen. Schon bald werden wir nur noch Sklaven der Maschinen sein und Computer die Macht übernommen haben. Mindestens. Das Interessante dabei: Nicht wenige dieser neuzeitlichen apokalyptischen Reiter lassen in ihrer Biografie tief blicken – und jegliche IT-Kenntnisse vermissen. Und trotzdem fühlen sie sich berufen, über die Digitalisierung und deren Folgen zu predigen. Das ist ungefähr so, als würde ich Schwangerschaftsrückbildungsgymnastik anbieten – bloß, weil ich ausgebildeter Bewegungslehrer bin. Wie heißt es so schön im Volksmund: Knapp vorbei ist auch daneben. Und doch gibt es immer noch genug Dumme, die dennoch auf diese analogen Blasebälge reinfallen und am Ende für ihr Geld nichts bekommen – außer viel heiße Luft.

Was uns in Zukunft erwartet

08/2018

Überall in Veröffentlichungen stecken die Worthülsen „Digitalisierung, New Work, Arbeit 4.0…". Einerseits als Schreckensgespenst gemalt oder auch wahlweise als Segen für die Menschheit. Das Akronym VUKA zeigt einige der Rahmenbedingungen auf.

- V-olatilität -Was interessiert mich mein Geschwätz von gestern!
- U-ngewissheit - Ich akzeptiere die Unwissenheit der Ungewissheit!
- K-omplexität - Es sieht hier sowieso keiner mehr durch!
- A-mbiguität - Fakten werden in unterschiedlichen Kontext mehrdeutig interpretiert!

Wer an diese Idee der Neuen Welt glaubt, müsste auf die Frage „Wie sieht's in 5 Jahren aus?" mit einem klaren „Weiß ich nicht und auch kein anderer!" antworten. Ansonsten wäre es so, als ob sie bei einem Hellseher klingeln würden und der würde über die Gegensprechanlage fragen „Wer ist da?" Ich würde da nicht reingehen.

Keiner weiß es und das ist die Herausforderung dieser Zeit. Dass es keiner ahnt, heißt aber nicht, dass man/frau darauf nicht vorbereitet sein kann.

Ein Blick in die Geschichte - Laut den Kondratieffzyklen gibt es alle 50 Jahre einen Innovationssprung-Dampfkraft, Eisenbahn, Automobil, Elektronik,…

Was in unserer Welt momentan passiert, hat eine exponentielle Entwicklung. Wir ahnen aus unserer Schulzeit, was exponentiell bedeutet. Teilweise ist die Geschichte vom Erfinder des Schachspiels bekannt. Der ließ sich von seinem Fürsten folgendermaßen bezahlen: Ein Reiskorn auf erste Feld und bei jedem Weiteren verdoppelt sich die Anzahl der Reiskörner. Schnell akzeptiert war es der Ruin des Königreiches. Die Gesamtzahl würde 12 Körner Reis pro cm^2 auf der gesamten Erdfläche bedeuten- 18.446.744.073.709.551.615 Körner.

Ein Beispiel aus unseren Tagen. Der Mann in meinem Baumarkt hat gesagt: Diese Seerosenart verdoppelt täglich die von ihr bedeckte Teichfläche und dann wird nach 30 Tagen ihr gesamter See voll sein. Am Anfang wird eine Pflanze in den Teich gepflanzt. Sie treten am 29. Tag auf ihre Terrasse, sehen den Teich halb bedeckt und fragen sich, ob der Baumarktmitarbeiter recht hatte, dass es morgen zugewachsen sei.

Also alles ungewiss und rasend schnell das sind die Faktoren, mit denen wir in der Neuen Welt zurechtkommen müssen. Was heißt das nun für den Umgang, die Kommunikation der Menschen untereinander? Dem Hellseherbeispiel folgend kann die Antwort nur lauten „Weiß ich nicht!". Denn es geht meiner Ansicht nach nicht um andere Werkzeuge, Prozesse oder Rahmenbedingungen, sondern um eine innere Haltung im Thema- aufmerksame Gelassenheit oder gelassene Aufmerksamkeit.

Sender- und Empfängermodelle der Kommunikation verdeutlichen, dass ich nur meine Sendung beeinflussen kann, nicht was beim Empfänger ankommt. Dieser hat seine eigenen Interpretationsmechanismen und Filter, die meine Botschaft individuell modifizieren. Mein Erfolgsbeitrag ist also klare, direkte und authentische Übermittlung meines Anliegens.

Wenn die Teams und Gruppen zeitversetzt in verschiedenen Erdteilen zusammenarbeiten, mit synchroner online Kommunikation oder asynchronen Textnachrichten, dann wird Ein-Eindeutigkeit umso wichtiger.

Im Hintergrund höre ich die Rufe „ja aber die persönliche Zusammenarbeit wird es doch nie ersetzen!" Hat auch keiner behauptet! Gemeinsam am Tisch sitzen und diskutieren, Erfolge feiern und sich bei Rückschlägen stützend in den Armen halten, sind menschliche Bedürfnisse. Es geht nicht darum, die verschiedenen Kommunikationsstrategien gegeneinander auszuspielen, zu bewerten und zu beurteilen. Dem Fortschritt entsprechend den geeigneten Mix zu finden, darin besteht die Herausforderung der Zukunft.

Offenheit und Toleranz und ein neugieriger Blick die Zukunft sind Schlüsselqualifikationen für die Bewältigung dieser Herausforderungen.

Verschiedene Unternehmen haben Labore/Labs oder Experimentierräume aufgebaut, in denen Mitarbeiter sich austauschen, gemeinsame Versuche starten und Ideen spinnen. Im ersten Ansatz ohne Verwertungsabsicht, genauso wie Daniel Düsentrieb, einfach nur um der Sache willen. Aus diesem interdisziplinären Austausch entstehen Betrachtungsweisen, die in einem zweiten Schritt auf Umsetzungspotenzial geprüft werden. Also Garagenatmosphäre von den Gedanken her, nicht architektonisch.

Lassen Sie uns einen kurzen Augenblick bei der Frage über die Generation Z in der Arbeitswelt verweilen. Der GenerationGlobal Report beschreibt die Sichtweise eines jungen Menschen folgendermaßen:

- arbeitet um zu leben - Arbeit ist Mittel zum Zweck
- bindet sich weder an das Unternehmen (Commitment), noch an Personen (Führungskräfte)
- besteht auf einer klaren Trennung von Arbeit und Privatleben
- misst Sicherheit mehr Bedeutung bei als Spitzengehältern
- Familie ist wichtiger als ein Firmenwagen
- zeigt wenig Interesse an Führungsverantwortung, denn die kostet Zeit und Nerven
- arbeitet nicht, wenn Arbeit anfällt, sondern zu festen Uhrzeiten, am besten montags bis freitags von 09:00 bis 17:00 Uhr
- lehnt das Arbeitsmodell Homeoffice kategorisch ab; zu Hause wird nicht gearbeitet!

Als diese Erkenntnisse bei einer Veranstaltung mit ca. 150 Unternehmen vorgestellt wurde, ging ein Raunen durch die Zuhörer- „Da sieht es ja dunkel aus mit dem Unternehmertum! Da gründet ja keiner mehr! Da wird einem ja angst und bange!" ZACK- da ist sie wieder, die VUKA-Falle. Merkmal der Digitalisierung ist, dass bisherige Kausalverbindungen und Schlussfolgerungen ausgehebelt werden können. Dienst nach Vorschrift bedeutete bisher kein Engagement und kaum Wachstum. Wer sagt, dass ein Jungunternehmer mit Start-ups nicht mehrfacher Millionär werden kann, innerhalb kürzester Zeit, ohne Produktionsmittel und als Halbtagsjob.

Ich bin seit 2017 Gründungsgesellschafter eines Start-ups zum Thema Digital Leadership. Die Tücken der Generationskommunikation sind mir daher aus nächster Nähe bekannt. Es liegt nicht nur an den technischen Neuerungen der Verständigungskanäle, sondern auch an den unterschiedlichen Denkweisen von Silberrücken und Jungspunden.

Es zeigt sich, dass das Thema Digitalisierung mit innerer Haltung und Glaubenssätzen zu tun hat. Unter bisherigen Blick rückwärtsgewandt projizieren wir auf zukünftige Entwicklungen. Kann mal funktioniert haben- jetzt unwahrscheinlich! Das ist die größte Herausforderung an jeden Einzelnen von uns.

Bits und Bytes statt Schweiß?

10/2019

Mein Vortrag über Betriebliches Gesundheitsmanagement (BGM) im digitalen Zeitalter hat den Titel „Wann emanzipiert sich BGM von der Yogamatte und den Smoothies?" und provoziert die etablierte Szene. Starten wir damit, warum ich mich darüber äußere.

Ich bin u. a. Diplom-Rhythmiklehrer, zugelassener Prozessberater bei unternehmensWert:Mensch im Handlungsfeld Gesundheit. Der Maßnahmenkatalog, den ich in Firmen bisher vorfinde, beinhaltet hauptsächlich Aktionen mit Obsttellern, Massagen, über Ergonomie und Vorsorge bis hin zur gesundheitsorientierten Kantinenverpflegung und Firmenolympiade. Die Post-it mit der Bürogymnastik hängen müde an den Bildschirmen und der erste Elan ist ebenso verschwunden wie die neu gekauften Gymnastikbänder.

Mit BGM 4.0 wird es nun digital. Als Schmankerl kommt die App dazu- der Vitamintracker, Muscle-Tension- Pilot, die digitale Wasserwaage für die Rückenlehne, BurnoutBarometer über Pulsmesser und Gamificationansatz mit dem CompanyOlympic-goldmedallist als Bildschirmschoner- zugegebener Weise teilweise selber ausgedacht und trotzdem nicht unwahrscheinlich.

Was mich an diesem Thema reizt, ist der innere Konflikt des BGM mit seinem Selbstbewusstsein und seiner Außendarstellung. Auf der einen Seite klagen, dass diese Unterstützungsleistungen nicht den Stellenwert haben, den sie angeblich verdient, auf der anderen Seite: diffuse Beschreibung der Unterstützungsleistung und Reduzierung auf einzelne Werkzeuge.

Weiterhin trifft man auf das weitverbreitete Übel, dass dieser Begriff nicht geschützt ist.

JEDE(R) KANN BGM!

Die Szene wird beherrscht von Ärzten mit hohem faktischem Studienwissen, athletisch biegsamen Fitnesstrainern und Mentalcoaches.

Gerade auch im Hinblick auf die Veränderung der Arbeit – Stichwort New Work 4.0- ist eine professionelle Implementierung bei den Entscheidern in Unternehmen sinnvoll.

Im übertragenen Sinne gilt: gesunde Unternehmen mit gesunden Mitarbeitern.

Ersetzen Sie gesund durch stressresistent, flexibel, agil, mobil, disruptiv, vielfältig, generationsübergreifend,...

Dazu kann BGM einen entscheidenden Beitrag liefern. Funktioniert nur, wenn das Eigenbild und Fremdbild zueinander passen. Um dem Wunsch nach gebührender Anerkennung und Sichtbarkeit zu erfüllen, gelten folgende Thesen:

- BGM ist essenzieller Bestandteil auch der Neuen Arbeit

- BGM benötigt ein starkes Mindset
- BGM traut sich Standards einzuführen
- BGM Marketing ist offensiv
- Führungskräfte sind die Ansprechpartner und Vorbilder

Mein Fazit lautet: BGM ist kein Werkzeug zur Zielerreichung, sondern bedeutet Führungsverhalten und Vorbild. Dann läufts!

Byteethik- Computer und Moral!

01/2020

Wir Menschen werden moralisch nicht geprüft; unsere individuelle Entscheidung ist also kein Kriterium, um am Straßenverkehr teilzunehmen.

Die von Bundesminister Alexander Dobrindt eingesetzte Ethik-Kommission zum automatisierten Fahren hat ihren Bericht vorgelegt, in dem Leitlinien für die Programmierung automatisierter Fahrsysteme entwickelt wurden.

Vom selbstfahrenden Auto verlangen WIR, dass es moralische Entscheidungen trifft. Bei einem unvermeidbaren Unfall soll es sich entscheiden – zwischen einer Kindergartengruppe oder einer Rentnergang! Das ist das sogenannte moralische Dilemma, was schon als Trolley Phänomen oder dicker Mann Problem seit 1951 diskutiert wird: Darf der Tod von Menschen herbeigeführt werden, um das Leben von anderen Personen zu retten? Das war vor Kurzem als heiß diskutierter Beitrag um einen Starfighter-Piloten im Fernsehen. Das Thema schneide ich auch in meinem Vortrag an.

Im Bericht gibt es da eine interessante Wortakrobatik auf Seite 16: „Entscheidungsfreiheit des Menschen bei dilemmatischen Konfliktsituationen". Die These empfiehlt keine Selektion von Individuen, keine Verrechnung von Opfern, aber das Prinzip der Schadensminimierung. Wir Menschen werden darüber moralisch geprüft; unsere individuelle Entscheidung ist also kein Kriterium, um am Straßenverkehr teilzunehmen.

Das mündet in die Frage, ob technischer Fortschritt und gesellschaftlicher Umgang immer im Gleichschritt voranschreiten.

Ein anderer Aspekt ist die Individualität: „Ausdruck der Autonomie des Menschen ist es, auch objektiv unvernünftige Entscheidungen wie eine aggressivere Fahrhaltung oder ein Überschreiten der Richtgeschwindigkeit zu treffen. Dabei würde es dem Leitbild des mündigen Bürgers widersprechen, würde der Staat weite Teile des Lebens zum vermeintlichen Wohle des Bürgers unentrinnbar durchnormieren und abweichendes Verhalten sozialtechnisch bereits im Ansatz unterbinden wollen."

Können wir diesen Aspekt auch einem Computer zurechnen?

Technische Entwicklungen bedeuten Konflikte, die einen wichtigen Disput in Gang setzen, der wiederum aus dem Streit der Meinungen einen gesellschaftlichen Konsens bildet, der wiederum als Orientierung für die technische Weiterentwicklung gelten kann, der ….

Ein Beispiel für die positive Kraft von Konflikten, die über die gemeinschaftliche Diskussion zu den Spielregeln des Miteinanders verhilft.

Streiten wir uns mehr!

Tischkicker und gut ist?

10/2019

Schicksalsgemeinschaft Feelgood- und Konflikt-management

Jedes größere Unternehmen, das etwas auf sich hält, hat einen. Die Rede ist von einem Feelgood-Manager. Aber was ist das eigentlich? „Feelgood", das klingt nach Wohlfühlatmosphäre. Nach Waldbaden, Sauna, Yoga, gesunder Ernährung, Ruheraum … Alles wichtige Faktoren, keine Frage. Doch diese Dinge allein sind bestenfalls ein Tropfen auf den heißen Stein, wenn nicht umfassender gedacht wird.

Für mich bedeutet das „Wohlfühlen" vor allem, Arbeit nachhaltiger zu gestalten. Nicht nur die äußeren Rahmenbedingungen, sondern auch die inneren Strukturen. Klar ist es nett, wenn man sich nach dem veganen Mittagessen die Zeit mit den Kollegen beim Kickern vertreiben und vor der Arbeit eine Meditationssession im firmeneigenen Achtbarkeitstempel einlegen kann. Doch die Nachhaltigkeit solcher gut gemeinten Methoden ist gleich null, wenn gleichzeitig derselbe raue Wind wie immer durchs Unternehmen weht.

Mehr als eine Modeerscheinung

Wird ein Feeldgood-Manager nur eingestellt, weil es gerade hip ist, kann man es auch bleiben lassen. Klar ist eine schöne Atmosphäre im Unternehmen wichtig. Doch wer als Chef ernsthaft denkt, dass damit ein

Obstkorb in der Teeküche und ein Ruheraum mit kuscheligen Sesseln gemeint ist, sollte dringend in sich gehen. Fakt ist: Wir verbringen einen Großteil unserer wachen Lebenszeit an unserem Arbeitsplatz. Kein Wunder also, dass Mitarbeiter den Wunsch haben, sich dort auch wohlzufühlen. Damit sind jedoch keine Bespaßungsmaßnahmen gemeint, sondern in erster Linie das Arbeitsklima! Mitarbeiter haben heute auf gut Deutsch gesagt keinen Bock mehr darauf, sich für einen Arbeitgeber aufzuopfern, der nur auf den Profit schielt und dafür im übertragenen Sinne über Leichen geht. Burn-out für den Umsatz? Die Mehrheit der Arbeitnehmer und insbesondere die Generationen Y und Z winken dankend ab. Sie wollen nicht nur arbeiten, sondern einen Sinn in ihrer Tätigkeit sehen und sich idealerweise dabei auch selbst gut fühlen. Völlig berechtigt, wenn Sie mich fragen. Und genau zur Lösung dieses Konflikts, der in vielen Unternehmen schwelt, braucht es ein ernsthaftes und wirkungsvolles Feelgood-Management.

Wohlfühlen in disruptiven Zeiten

Eine schöne Atmosphäre allein ist nicht mehr als ein Pflaster. Klar ist das besser als nichts – langfristige Besserung oder gar Heilung ist damit aber nicht in Aussicht. Und so neumodisch ist das Thema aus meiner Sicht auch nicht: Letztendlich ist Feelgood-Management nichts anderes als ein frischerer Begriff für Arbeitsschutz, Gesundheitsschutz und Betriebliches Gesundheitsmanagement. Damit Feelgood-Management wirklich eine nachhaltige Wirkung haben kann, ist es unumgänglich, dass die dafür zuständigen Personen auch entsprechend in Unternehmensentscheidungen involviert werden. Idealerweise sollten Führungskräfte kontinuierlich Rücksprache halten und beraten, wie neue Beschlüsse und vor allem Veränderungen für die Mitarbeiter nachvollziehbar und emotional annehmbar gemacht werden können.

Und bitte denken Sie an den alten, aber wahren Spruch „Der Wurm muss dem Fisch schmecken, nicht dem Angler". Hört also auf, Euch die Köpfe zu zerbrechen, was Ihr Euren Mitarbeitern Gutes tun könnt – und fragt sie einfach! Gebt Menschen Budget und Gestaltungsspielräume, um ihre Vorstellungen von Wohlfühlen am Arbeitsplatz selbst zu verwirklichen. Denn Feelgood bedeutet auch, in neuen Strukturen zu denken und Veränderung zuzulassen. Nur oberflächlich angepackt wird Feelgood-Management schnell zum Strohfeuer. Ernstgemeinte, umfassende Strukturen jedoch, die in der Unternehmenskultur verankert werden, haben das Potenzial, zu einem Feuer der Begeisterung zu werden.

Kapitel Bildung

Als Musik- und Erwachsenenpädagoge liegt mir dieser Bereich besonders am Herzen. Ich rege mich seit Jahrzehnten erfolglos über die Experimentierfreude in Bildungsbereich auf. Mal Hü, mal Hot, jeder neue Bildungsminister meint, eine Duftmarke setzen zu müssen. Scheinbar ist dieses Ministerium ein Durchlauferhitzer für Karrieren, weil es fast das Einzige ist, in dem in einer Legislaturperiode Veränderungen sicht- und spürbar werden.

Auf Kosten der Kinder!

Erschwerend kommt hinzu, dass jeder eine Schule besucht hat und damit automatisch Richtlinienkompetenz in diesen Fragestellungen hat. Sowie es 80 Millionen Bundestrainer gibt, ….

Ich fürchte, dass unser Land der Dichter und Denker intellektuell und künstlerisch immer undichter wird.

Auch in der beruflichen Aus- und Weiterbildung halten viele am Nürnberger Trichter fest, einer mechanische Weise des Lernens und Lehrens.

Damit werden wir unsere Spitzenposition als Wirtschaftsstandort und Wissenschaftsnation verlieren.

Wir können gegensteuern, wenn die Elfenbeintürme verlassen werden und der Muff aus den Talaren verschwindet.

Hybrildung Nr. 1- ja Hybrildung heißt es!

08/2020

Die Architektur-Innovation durch lernpsychologisch optimalen Methodenmix

Seit Urzeiten....

Was wurde nicht alles schon probiert, um Menschen etwas Neues beizubringen, sie zu entwickeln und zum Lernen zu motivieren. Nürnberger Trichter, Frontalunterricht, reformpädagogische Ansätze, Gruppenarbeit, lernen mit technischen Medien (Overhead Projektoren, Sprachlabore) bis hin zu aktuellen digitalen Lösungen mit Webinaren, Online-Coaching, Videokonferenzen und künstlicher Intelligenz.

Seit ich in der Branche bin…

Aus meiner nunmehr 30-jährigen Erfahrung in der Pädagogik hat sich ein Kuriosum herauskristallisiert: Die Art und Weise, wie die Vermittlung geschieht, variiert im Wandel der Zeit relativ gering. Ein Vermittelnder steht vorn und berichtet, doziert- die Lernenden sitzen gegenüber und lauschen aufmerksam. Zugegebenerweise wird dieses Szenario durch Gruppenarbeit, Lernspiele u.ä. unterbrochen. Das Grundprinzip ist jedoch gleichgeblieben: Der Sender sendet mit seinen eigenen lieb gewordenen Frequenzen und tritt damit nur in geringe Resonanz mit den Empfängern. Die Technik passt sich dabei lediglich dem beschriebenen Standard an.

Seit Bildung praktiziert wird....

Wie viele Kinder in unseren Schulen klagen darüber, dass sie den Stoff nicht verstehen, weil sie sich
nicht mit ihrer individuellen Lernmethodik abgeholt
fühlen? An den Universitäten heißen diese Veranstaltung dann „Vor-lesungen" und werden ihrem Namen
in hohem Maße gerecht. Die Ausschläge des Pendels
auf der anderen Seite sind Selbstlernprogramme über
verschiedene Medien, die eine beträchtliche Disziplin
und Eigenmotivation verlangen.

Im Zeichen der Digitalisierung werden nun diese
Prinzipien in die digitale Welt verschoben. Was dabei
außer Acht gelassen wird, ist die faszinierende Möglichkeit der Kombination dieser verschiedenen Heran-
gehensweisen.

Hybrildung Nr. 2- Wie es funktioniert

08/2020

Jetzt geht es um die Blickwinkel der Methodik.

Nachdem im ersten Beitrag die Hintergründe der Architektur-Innovation von Bildung vorgestellt wurden, geht es jetzt um den Mix von

verschiedenen Medien

+ Beachtung der unterschiedlichen Lerntypen

+ der komplexen Aufnahmekanäle des Menschen

+ der Sendeart von Wissen und dessen

+ Verarbeitung im Kontext der Lernumgebung.

= Veränderung

Der Erfolg beruht also auf der Verzahnung der bekannten und leider wenig angewandten Erkenntnisse, wie Menschen lernen und sich entwickeln. Meine Kunst ist es, die verschiedenen Angebote so zu kombinieren, dass der maximal individuelle Erkenntnisgewinn möglich ist.

Ein Beispiel aus der Welt der Metalle:

Eine Legierung ist ein metallischer Werkstoff aus mindestens zwei Stoffen oder Elementen, der andere Eigenschaften als die Ausgangsstoffe hat. Bronze besteht z. B. aus mindestens 60 % Kupfer. Bei z. B. Aluminiumzugabe wird Bronze seewasserbeständig und verschleißfest, sodass es für Schiffspropeller verarbeitet wird. Mit 12 % Mangananteil wird Bronze korrosionsbeständig und hitzebeständig   für elektrische Widerstände. 2 % Beryllium ermöglichen durch Härte und gleichzeitig Elastizität den Einsatz als Federn und in Uhren.

Ein Beispiel aus der kulinarischen Welt

Weniger naturwissenschaftlich ist ein Bild aus der Hauswirtschaft- Teig. Das Ei klebt den Teig zusammen und macht durch Lecithin geschmeidig. Gleichzeitig hilft es, Wasser und Fett im Teig zu vermischen. Backpulver lockert den Teig und verkürzt die Zubereitungszeit im Gegensatz zu Hefe sehr stark. Rezepte finden Sie wie Sand im Meer und trotzdem schmeckt der eine Kuchen besser als der andere. Natürlich spielen die Zutaten eine Rolle und doch wird die Leckerei eher der Backkunst des Produzenten zugeschrieben.

Genauso ist es mit den Zutaten in der Weiterbildung. Die unterschiedlichen Zusammensetzungen der Einzelteile sind auszurichten auf den „individuellen Metallbereich oder Teig" und deren realen Bedarf und können nicht mit der Gießkanne pauschalisiert werden.

Hybrildung Nr. 3 – Was sind die Zutaten und was ist der Nutzen?

08/2020

Der Begriff Hybrid bezieht sich auf etwas Gebündeltes, Gekreuztes oder Vermischtes.

Das bedeutet, vorhandene Elemente oder Ingredienzien werden miteinander verbunden.

Deshalb sind die Zutaten dieses neuen Bildungsansatzes bekannt und alt bewährt. Wie in vorherigen Betrag an der Legierung oder dem Teig dargestellt, liegt die Innovation in der Kombination der Elemente. In diesem System werden also die Klassiker der bisherigen Aus- und Weiterbildung gemixt, sodass alle Lern- und Wahrnehmungstypen angesprochen werden. Dabei werden äußere Rahmenbedingungen und die Firmen-DNA mit einbezogen.

Die Bestandteile

Für das Thema Konfliktmanagement sind das konkret:

- Vortrag Video- Erleben des Themas und Referenten im Bild und Ton mit Atmosphäre
- Buch „Die Konflikt-Bibel"- Theorie und Hintergründe zum Nachlesen und Reflektieren
- Online Meetings- Interaktion und Austausch über die aktuellen Fragestellungen
- Selbstlernphasen- Festigung und Schwerpunktausbildung des Erkenntnisgewinns

o   mit Telefon oder online- individuelle Fälle konkret klären

Wieder eine neue Idee

Das wurde schon so oft versprochen und ist dann schnell wieder versunken. Ja, das stimmt. Das „Revolutionäre" daran ist, dass es keine grundlegende Neuorientierung im Sinne von „Jetzt ist alles komplett anders!" darstellt, sondern das Beste vom Besten kombiniert und dabei auf den Menschen und das Unternehmen fokussiert ist.

Was bringt das?

Der Nutzen stellt sich dar in:

*   Flexibilität und Individualität im aktuellen Kontext der Firma- was Sie brauchen und nicht mehr- deshalb auf kostenbewusst!
*   Menschentyp mit individuellen Lerngewohnheiten berücksichtigen- jeder wird mit seinem Stil mitgenommen-der den Transfer in der beruflichen Alltag fördert!
*   Effizienz im Zeit- und Ressourceneinsatz- Spitzenbelastungen und plötzliche Projekte verschieben nur den Ablauf und fordern keinen Abbruch!

Der Mehrwert

Dieses System ist problemlos auf alle anderen Themen in Ihrem Unternehmen zu übertragen, quasi als Blaupause für die zukunftsorientierte Mitarbeiterentwicklung des Betriebes.

Hybrildung Nr. 4- Wie es abläuft und warum Michalski?

08/2020

In den ersten 3 Artikeln sind die Neuartigkeit, Grundstruktur, die Bestandteile und das Momentum der Kombination ausführlich dargestellt worden.

Wie der Prozess in die Praxis umgesetzt wird

Natürlich beginnt es mit einer Analyse und Zielvorgabe- ich hatte schon mehrfach erwähnt, dass Bewährtes und Bekanntes die wesentlichen Bestandteile sind:

- Bedarf klären
- Ziel bestimmen
- Ist- Zustand dokumentieren
- Ressourcen klären
- Technik klären
- interne Organisation bewerkstelligen
- Struktur planen
- Meilensteine definieren
- Feedbackschleifen einarbeiten
- Projektablauf publizieren
- Auftaktveranstaltung
- Durchziehen
- Auswerten
- Optimieren

Die Besonderheit beginnt ab Punk 7: der Strukturplanung. Hier spleißt sich das System von der herkömmlichen Art und Weise auf. Die Teilnehmenden an dem Programm erstellen aus ihrer individuellen Lerneigenheit ihren persönlichen Plan, an welchen Einheiten sie teilnehmen, was sie dem Ziel näher bringt. Das bedingt z. B. eine exakte methodische Vorbereitung der einzelnen Bausteine, die dadurch einen vorher präzisierten Kenntnisstand voraussetzen – wie der Teilnehmende diesen erlangt, hängt von den eigenen Lernstrategien ab- im Selbststudium, über Video, Buch oder online Session: „Wenn dieser Punkt gestartet wird, ist folgendes Voraussetzung für die Teilnahme …[Auflistung der Einsichten und Kenntnisse]."

Warum kann das Michalski?

Kurz und knapp:

- 2 pädagogische Diplom-Studienabschlüsse (Musiklehrer/Erwachsenenpädagoge)
- Abschluss MSc IT-Management
- 30 Jahre Erfahrung in der Aus- und Weiterbildung
- 15 Jahre Führungskraft mit zuletzt über 700 Mitarbeitenden in einem Konzernteil
- 10 Jahre selbstständig als „Der Konfliktnavigator"
- Aufbau einer bundesweiten Computerschule mit 70 Niederlassungen in den 90er-Jahren
- Lehrbeauftragter an einer Fachhochschule, die durch Corona ab 2020 komplett digital agiert

Hybrildung Nr. 5- Warum das notwendig ist?

08/2020

Das entstand aus purem Eigennutz:

Bei meiner Unterstützung in Firmen zum Thema Konfliktmanagement habe ich immer wieder festgestellt, dass ich zwar mein Stoff durchgezogen habe, der Hafteffekt bei den Teilnehmenden jedoch sehr unterschiedlich war.

Das habe ich doch gelernt

Das erinnerte mich an meine Grundprofession Pädagoge. Also stieg ich in dieses Thema wieder ein und stellte fest, dass durch die Digitalisierung wunderbare Chancen entstehen, nachhaltige Vermittlung und Einsichten zu erzeugen.

Ich habe Anfang des Jahres 2020 einige Projekte in dieser Art durchgeführt – dort war der Anteil von Online-Konferenzen bisher weitaus geringer, weil physische Anwesenheit in den Firmen noch möglich war. Dabei habe ich festgestellt, dass durch die stärkere Differenzierung der unterschiedlichen Lerntypen und Lernkanäle, der besseren Integration der Ist-Situation des Unternehmens und deren Ressourcenmanagement die Umsetzung in den Arbeitsalltag wesentlich gesteigert werden konnte.

Die Kritik am Bisherigen

Ich habe für einen großen Automobilkonzern mehrere Seminare im Bereich Präsentation, Argumentation, Schlagfertigkeit und Selbstmanagement durchgeführt. So habe ich Teilnehmer wiederholt in meinen Kursen gehabt, die einen umfangreichen Schulungsplan als Jahresprogramm hatten.

Ich habe mich immer dann wieder gewundert, dass die Begeisterung für das neu Erlernte scheinbar auf dem Wege in den Arbeitsalltag verloren gegangen ist. Die jahrzehntelang eingefrästen Muster und Strukturen lassen sich nicht durch ein 2 Tages Lehrgang wesentlich beeinflussen. Weiterhin kennt jeder in meiner Situation die zarte Balance, den unterschiedlichen Typen in einem Seminar gerecht zu werden. Das zeigt sich durch temporär leere Blicke bei einzelnen Einheiten und offensichtlichem Sekundenschlaf.

In der klassischen Seminarform konnte ich nur hoffen, so viele Einzelportionen zu bestreiten, dass ich nach dem Gießkannenprinzip alle irgendwie mit meinen Erkenntnissen beregne. Der Rest der Zeit ist weniger effektiv genutzte Ressourcen.

Die Chance der Digitalisierung

Genau hier setzt diese neue Mischung an: Aus meinem Angebot an den hybriden Zutaten sucht sich jeder Teilnehmende das Programm zusammen, das seiner Individualität nahekommt. Somit wird mentaler Leerlauf und Zeitabsitzen in Seminaren gespart, jeder lernt das, was er für die aktuelle Bewältigung seines

Arbeitsumfeldes benötigt oder wird gezielt auf zukünftige Aufgaben vorbereitet.

Ein konkretes Beispiel- „Schwierige Mitarbeitergespräche führen" ist ein beliebtes Seminarthema in allen Akademieprogrammen. Jetzt sitzen in den Präsenzseminaren

- in Zukunft zu befördernde Mitarbeiter (vom Mitarbeiter zum Chef)
- junge Hochschulabsolventen in direkt anschließender Verantwortungsposition
- routinierte Führungskräfte mit mehreren Jahren Erfahrung
- alte Hasen, die schon viele Stürme über sich ergehen lassen haben und
- die Frustrierten, die sich Wundermaßnahmen und Heilsrezepte erhoffen

Jetzt bediene ich diese Segmente mit Grundlagen der Theorie, Anwendungsbeispielen, Videos, Fallstudien, Rollenspielen, Kleingruppenarbeit, interaktive Lernspiele und vieles mehr aus dem reichhaltig gefüllten Methodenkoffer.

Denn auch ich habe einen Eigennutz: Am Ende gibt es eine Seminarbewertung der Teilnehmer, bei der ich hoffe, für weitere Aufträge möglichst gut abzuschneiden. Also ein bisschen Feuerwerk abbrennen, Zaubern, Versicherungstipps darbieten, Katzenvideos zeigen, später anfangen und früher aufhören. Bevor ich nun weiter dieses Szenario überzeichne, wurde genügend deutlich, worauf ich hinaus will.

Deshalb appelliere ich an alle Führungskräfte und Personalverantwortlichen in den Unternehmen: Nutzen Sie die Chance, Bewährtes mit Neuem so miteinander zu kombinieren, dass Sie zusammen das Beste erhalten!

Verbrennen Ihre Weiterbildungen nur Kohle

02/2020

In vielen Unternehmen ist es immer noch die gleiche Leier: Egal, wo der Schuh drückt – ein Seminar gilt als Allheilmittel.

Ganz gleich, ob der Vertrieb nicht ordentlich performt, der Kundenservice besser sein könnte oder die Mitarbeiter sich eher rudimentär an die vorgegebenen Leitlinien halten. Die HR sucht einen Anbieter aus, es wird ein zweitägiges Seminar anberaumt, im Nachgang erhalten die Teilnehmer noch die PowerPoint-Folien – und alles ist eitel Sonnenschein. Oder etwa nicht?

Schluss mit Druckbetankung!

Ich bin seit gut 35 Jahren in der Weiterbildungsbranche tätig, zehn davon als selbstständiger Trainer und Berater. Ich würde behaupten, dass ich weiß, wie der Hase läuft. Bevor ich mich auf Konfliktmanagement spezialisiert habe, habe ich selbst unzählige Seminarreihen durchgeführt. Präsentationstrainings, Seminare zu den Themen Argumentation, Führung, Empathie … Aber irgendwann habe ich mir eine Frage gestellt: Können die Teilnehmer überhaupt was davon umsetzen? Wenn wir von dem klassischen Modell „2-Tage-Druckbetankung" in Frontalunterrichtform ausgehen – eher nicht. Selbst die Teilnehmer nicht, die die schiere Masse an Stoff noch irgendwie verarbeitet bekommen und nicht sofort abgeschaltet haben. Denn wie heißt es so schön: „Kennen bedeutet nicht automatisch können." Es reicht nicht, bloß das Wissen über den Mitarbeitern auszukippen! Spätestens nach zwei Wochen ist im stressigen Arbeitsalltag alles vergessen und es wird wieder nach Schema F gehandelt. Aus meiner Sicht ist die Sache klar: Wir müssen den Leuten nicht nur vortanzen – sondern ihnen auch zeigen, wie sie die Schritte in ihre eigene Business-Choreografie einbauen und umsetzen können.

Die Erkenntnis ist an sich gesehen nicht neu. Erinnern Sie sich an den Aufschrei, den das Buch „Die Weiterbildungslüge" von Dr. Richard Gris verursacht hat? Das war 2008. Viel geändert hat sich trotzdem nichts. Weil vor allem in den Unternehmen ein Umdenken stattfinden muss! Hier wird immer noch viel zu skeptisch auf moderne Konzepte wie Blended Learning und Co. geblickt. Langfristige Lernprozesse, die über mehrere Monate hinweg ablaufen, werden als zu teuer und nicht durchführbar abgestempelt. Schließlich hätten alle viel zu tun und an zwei Tagen Seminar würde schon genug Arbeit liegen bleiben. Das ist, mit Verlaub gesagt, zu kurz gedacht.

Lernerfolg: Vertrauen ist leicht, Kontrolle ist besser

Wie gehen Sie damit um, wenn für viel Geld eine neue Maschine oder Software angeschafft wurde? Die Kennzahlen werden beobachtet, alles wird auf Herz und Nieren geprüft – und sobald nur eine Komponente nicht so funktioniert, wie sie soll, wird Alarm gemacht. Eigentlich logisch. Aber warum wird dann nicht nach dem gleichen System gecheckt, wie effektiv die Investition in die Weiterbildung der Mitarbeiter war? Immerhin wurden hier auch viel Zeit und Geld in die Organisation und die Durchführung gesteckt. Und damit meine ich keinen schnöden Befragungsbogen. Die sind zwar nett – mehr als das Büro tapezieren kann man sich damit jedoch auch nicht. Fühlen Sie den Mitarbeitern auf den Zahn, spielen Sie mit ihnen Situationen durch, gehen Sie mit zum Kundengespräch. Kurz gesagt: Überlegen Sie sich eine sinnvolle Erfolgskontrolle! Nicht nur, um die Ausgaben zu rechtfertigen – sondern auch, um Ihre Mitarbeiter zu motivieren und den Lernerfolg erlebbar zu machen.

Und apropos Lernerfolg: Auch das ist nicht der neuste Schrei. Schon 1959 entwickelte der Amerikaner Donald Kirkpatrick ein vierstufiges Modell, das folgende Faktoren berücksichtigt: reaction, learning, behavior, restlos – zu Deutsch Zufriedenheit, Lernen, Verhalten und Ergebnisse. Eines der wichtigsten Erkenntnisse aus seinen Untersuchungen: Zufriedene Teilnehmer haben nicht unbedingt etwas gelernt, was zu einer Verhaltensänderung im Berufsalltag führt und somit in einer gesteigerten Performance resultiert. Merken Sie etwas? Genau deswegen werden Weiterbildungen durchgeführt. Lassen Sie sich also nicht von begeisterten Stimmen und guten Bewertungen blenden – sondern setzen Sie auf eine sinnvolle Erfolgskontrolle und ggf. in der Folge auf passgenauere, effizientere Qualifizierungen.

Körpersprache

Das geht mir als diplomiertem Bewegungslehrer schon mal das Messer in der Tasche auf. Welches Bein übergeschlagen wird, die Stirnfalten, die Armhaltung, die Standbreite der Beine- alles jeweils Indizien für x, z und natürlich z, vor allem z.

Wenn dann noch immer Mehrabian Anteile vermittelt wird, platzt mir endgültig die Hutschnur. Ich bin überzeugt, dass wir alle diese Sprache beherrschen.

Als Kind leierten wir Oma mit Schnute, gesenktem Blick und schüchternem Nuscheln das Geld für das neue Fahrrad oder die Videokonsole aus der Tasche.

Eine wohlwollende Körpersprache vermittelt Souveränität und steuert maßgeblich eine Konfliktsituation. Dabei gehört Stimme mit Lautstärke und Timbre dazu. Ich nutze dazu den Eigenton: Sie kennen alle das zustimmende Grummeln „hm, hm,hm", wenn wir aktiv zuhören oder zustimmen. Dieser 1. Ton ist die Wohlfühllage der Stimme.

Im Stress forme ich lautlos diese Silben und zackklinge ich beruhigend. (Ich habe das allein im Auto geübt, sodass meine Tongebungsorgane den Spannungszustand gemerkt haben. Es funktioniert damit auch lautlos).

Diese Sprache auffrischen ist eine lohnende Aufgabe. Augenbrauen hoch!

Die Mythen der Konfliktbewältigung:

- Die Win-Win Situation ist erstrebenswert- Einen besseren Job zu bekommen, geht nur, wenn ich beim Rennen der Erste bin. Dabei verlieren andere. Meist sind die sogenannten beidseitigen Gewinner-situationen in der Realität Unterarten vom Kampf, da der eine mehr gewinnt als der andere. Man nennt es Kapitalismus.

- „Wenn der andere vernünftig werden würde, gäbe es keinen Konflikt!". Bei Konflikten funktioniert keine „Fernheilung", ich kann nur meinen Beitrag dazu beeinflussen und steuern und auf die Verän-derung beim Gegenüber reagieren. Ich werde nie meinen Gegenüber ändern.

- Konflikte können restlos gelöst werden. Vertragen und Vertagen ist nur ein „r" entfernt. Wenn keine emotionale Auflösung erfolgt, bleiben Reste, die weiterhin nagen. Klärung bedeutet hier Klarheit, nicht Kuscheln/Abwiegeln/Kleinreden/ Einre-den/Zurückzucken/Weglaufen/Draufhauen...

- „Der Klügere gibt nach" ist genauso weise wie „Der Klügere kippt nach". Marie von Ebner-Eschenbach wird der Satz zugeschrieben: „Der Klügere gibt nach! Eine traurige Wahrheit, sie begründet die Weltherrschaft der Dummheit." Viel zu schnell gilt der Satz "Du hast Recht und ich meine Ruhe!", was im Business-Kontext wenig akzeptabel ist. Das bedeutet, Verwalten des Ist-Zustandes und Stagnation.

Machtverlust

Magazin managerSeminare 01/2017

„Es geschah an einem Freitag. Christoph Maria Michalski erinnert sich an jedes Detail. Er war ausgeschlafen, gut gelaunt, top vorbereitet, als er morgens den Besprechungsraum seines Hamburger Dienstsitzes betrat. Ein Meeting zum Thema „Entwicklung der Strukturen und Geschäfte in Norddeutschland" stand an. Er hatte die Einladung vor einer Woche per E-Mail erhalten. Es war das letzte Meeting für diese Woche, das letzte Meeting, bevor er zu seiner Familie nach Münster fahren würde.

Was Michalski nicht ahnte: Es war das letzte Meeting für ihn in diesem Unternehmen überhaupt. Vor diesem Freitag traf Michalski permanent Entscheidungen. Als Bereichsgeschäftsführer „Norddeutschland/NRW" eines großen Bildungsträgers hatte er Einfluss, die richtigen Kontakte, über 700 Mitarbeiter unter sich und die Verantwortung für einen Jahresumsatz von 24 Millionen Euro. Er war der Player, der Entscheider, der alle Fäden in der Hand hielt. „Ich stand in der Mitte eines Lichtkegels, ich war sichtbar", erklärt Michalski. Dann ging alles ganz schnell. Die Einladung zum Meeting, der Freitag und die Worte „Herr Michalski, wir trennen uns von Ihnen". Eine Stunde später stand er mit einem Bananen-Karton unter dem Arm an der Alster: „Ich war wie paralysiert. Plötzlich hatte mir jemand meinen Lichtkegel einfach ausgeknipst."....

Der ehemalige Bereichsgeschäftsführer Christoph Maria Michalski hat mittlerweile ebenfalls die Macht der Persönlichkeit zu schätzen gelernt. Als „Der Konfliktnavigator" berät er heute Unternehmen im Konfliktmanagement und wirkt dabei vor allem durch seine Persönlichkeit. „Meine Kunden wollen mich als Menschen, sie nehmen meinen Rat an, weil sie mich als authentisch erleben und den Sinn dahinter sehen. Das rührt mich", verrät Michalski.

Er ist nun nicht mehr austauschbar, weil er keine Rolle mehr hat. Wenn man so will, könnte man sagen: Seine Machtposition ist heute deutlich gesicherter als vor seinem beruflichen Umbruch.

Viele Standbeine erhöhen die Stabilität. Auch deshalb, weil sich sein – wie er es formuliert – Lichtkegel nun nicht mehr aus einer großen Quelle, sondern vielen verschiedenen Quellen speist. „Die Lichtstärke variiert, aber wenn einer das Licht ausknipst, stehe ich nicht gleich im Dunkeln", sagt Michalski. Was er damit meint: Er schenkt heute allen Lebensbereichen die gleiche Aufmerksamkeit. Sein Tipp: „Mehrere Lampen aus unterschiedlichen Bereichen zulegen. Egal, ob jemand seine Liebe zur Spiritualität entdeckt, Briefmarken sammelt oder durch den Harz wandert, Hauptsache, es gibt noch etwas neben dem Job. "Michalski ist heute glücklicher als vor seinem beruflichen Umbruch und letztlich froh, dass alles so gekommen ist. Seine neue Freiheit kostet der 54-Jährige jeden Tag in vollen Zügen aus, denn einen Teil seiner Abfindung hat er bereits investiert – in ein Motorrad."

...über den Autor

Christoph Maria Michalski ist seit 2010 Selbst-Unternehmer und als „Der Konfliktnavigator" und Gesellschafter von Start-ups zur Digital Transformation aktiv. Als Ex-Geschäftsführer eines Bildungsträgers mit über 700 Mitarbeitenden hat er von Expansion bis GmbH-Löschung (fast) alles mitgemacht – jedes graue Haar eine Erfahrung!

Er beschäftigt sich vor allem mit Fragen um die Entstehung und das richtige Handhaben von Konflikten. Dabei verbindet er in seinen Lösungsvorschlägen kreative Ansätze mit methodischer Vielfalt und technischer Präzision. Basis dafür sind neben der unbändigen Neugier auch seine drei Hochschulabschlüsse als Diplom-Rhythmiklehrer, Diplom-Pädagoge Erwachsenenbildung und MSc in IKT-Management.

Ehrenamtlich ist er der Repräsentant Niedersachsen der Stiftung Mediation e.V.

Einfluss auf seine Arbeit/Denkweise haben weiterhin seine Leidenschaft fürs Motorradfahren und die Zauberei, denn er ist Mitglied im Magischen Zirkel von Deutschland e. V.

...weitere Informationen unter

www.christoph-michalski.de

https://www.linkedin.com/in/christoph-maria-mi-chalski/

http://www.youtube.com und dann nach „christoph maria michalski" suchen

https://www.facebook.com/christophmaria.mi-chalski/

oder klassisch:

Christoph Maria Michalski
Barkhausener Straße 97
49328 Melle

Mobil 01578 17 65 68 3

Bestellen Sie das Buch mit Ihrer
persönlichen Widmung direkt bei mir!

Christoph Maria Michalski

DIE
KONFLIKT
BIBEL

Wie der KONFLIKT
in die Welt kam und wie Sie ihn
STEUERN

Zeitfracht Medien GmbH
Ferdinand-Jühlke-Straße 7
99095 Erfurt, Deutschland
produktsicherheit@kolibri360.de